名古屋学院大学総合研究所
研究叢書28

現代産業論

ものづくりを活かす企業・社会・地域

十名直喜=著

水曜社

まえがき

ものづくりへの多様な眼差しと可能性

　社会に「もの」が溢れ、地球的自然（またその一部である「ひと」）の悲鳴も聞こえてくる。「ひと」の関心が「こと」へとシフトするなか、「もの」を軽んじる風潮もみられ、「ものづくり」は今や時代遅れの代名詞ともみなされがちである。

　他方、「ものづくり」のフレーズや特集が近年、テレビや新聞・雑誌、本などでも頻繁に登場する。「ものづくり」が、まさに「こと」あるいは「ことづくり」のフレームワークのなかで捉え直され、その多様な価値が再発見されつつあるといえよう。時代の閉塞を切り拓く「ものづくり」への思いや期待が、そこに込められているようにも感じられる。

　「ものづくり」をめぐるこのような多様な見方、対照的な評価は、なぜみられるのであろうか。その背景や深層に目を向けてみたい。

　「ものづくり」という言葉は、農作、耕作を意味する「ものつくり」に由来するとみられる。そこには、日本独特の意味合いと響きが含まれている。そうしたニュアンスも、歴史とともに変化し、近年さらなる変容を遂げつつある。「ものづくり」とは何か、「もの」とは、「つくる」とは何か。そして、「ものづくり」のあり方をどう捉えるかが、あらためて問われている。こうした問いに正面から向き合い深く応えようとするのが、本書である。

　ものづくりについては今や、製造に限定する見方が一般的であるが、人工物一般にまで拡げる見方もある。一見すると対照的にみえるが、ものづくりを人工的な人間の営みに限定して捉えるという点に共通性がある。本書は、こうした見解とは一線を画する。

　ものづくりは、製造業のみに閉じられた概念ではない。広く工業的産業さらには農業的産業にも開かれた概念であり、ものづくり産業として包括することができる。むしろ、それらを有機的に再結合し、自然とも循環可能な産業システムへと発展させるキーワードとして捉えることができる。そのような捉え方は、欧米には見られない。本書は、ものづくりを日本発のオリジナルな産業概念として捉え直す。

近年、人工知能（AI）が囲碁の世界トップに勝ち越すなど、大きな注目を集めている。AIは、ものづくりや働き方にも大きな影響をもたらすとみられる。

　他方、植物にも人間を超える多様な感覚や能力があり、「知性」（intellect）をもっていることが、近年明らかになっている。

　ものづくりは、人間だけの専売特許ではない。植物は、自然と共存する「緑の精密化学工場」ともいわれる。空気中の二酸化炭素と土壌から根によって吸い上げられる無機塩を材料に、太陽からの光エネルギーを利用して、酸素をはじめ糖やデンプン、アミノ酸、各種の植物成分など多様な有機化合物をつくり出す。地球を汚さず、むしろ環境を浄化しながら有用なものをつくり出す。それはまさに、地球上における最も本源的な「ものづくり」にほかならない。

　人間や動物の視点にとどまらず、植物や人工物を含む多様な視点から、「ものづくり」さらには「知性」を捉え直すことが求められている。

　ものづくり技術の高度化・システム化さらに人工知能の進化は、人間とは何か、知性とは、人間らしさとは、人間の存在意味とは何か、といった根源的な問題をも突きつけている。

現代産業への技術的・文化的アプローチ

　わが産業研究も、早や40数年になる。ものづくりを担う鉄鋼産業および陶磁器産業を中心に、日本各地の地場産業やまちづくりなども対象としてきた。さらに、個別産業研究をふまえ、その理論化・一般化にも挑戦してきた。本書は、生産現場と研究・教育現場にまたがる独自の体験と思索を通して紡ぎ出されたものである。

　産業とは、ものやサービスを生産するための活動であり、ものづくり・ひとづくり・まちづくりにまたがる活動といえる。さらに、それらに関わる人々が職場や生活の場で織りなす働き様や生きざま、そこで培われた熟練・独創・技巧などの技（わざ）や文化、をも含んだものである。それらは、ひとが体得した無形のもの、いわば産業の文化的側面である。前者を機能的（技術的）アプローチとみると、後者は文化的アプローチと捉えることができる。

　産業は、これまで機能的・技術的価値（実用性・利便性）に重きが置かれてきたが、文化的価値（芸術性、信頼性）の比重が急速に高まってきている。両者を包括して捉えることによって、より現実に根ざした奥深く多様な現代産業の実像を捉えることがで

きる。

　ものづくりの多くを担う企業組織、ひとづくり・まちづくりと深く関わる社会組織と地域組織の3者は、ながらくバラバラに分断統治され、疎外された状況を余儀なくされてきた。それらが、これまでの疎外された関係から、相互の強みや特徴を学び合い生かし合う三位一体的な関係へ、いわば等身大のひと・まち・ものづくりシステムへ、どう転換していくかが、根底から問われている。

　本書は、ものづくりの視点から現代産業の奥深い実像ならびに企業・社会・地域組織に光をあて、21世紀ものづくり産業システムとして、さらには現代産業論として総括したものである。

　本書はまた、ものづくり経済学の理論と政策を紡ぎ出すプロセスにも光をあてている。「ものづくり経済学なんて聞いたことがない」といわれる方も少なくなかろう。日本では、筆者が初めて使った呼称ではないかと推察する。人類にとって地球環境の危機や自らの存在意義、人間らしさが深刻に問われるなか、ものづくりを軸に生産、労働、消費とは何かを根底から問い直すのが、日本発ものづくり経済学である。

　さらに、日本学術会議報告書［2008］の「ものづくり科学」論にも社会科学的なメスを入れ、21世紀ものづくり産業システムとして捉え直している。

　本書は、ものづくりとは何かを、地球の生物そして人間の原点に立ち返り問い直す。産業の基盤をなす自然・風土、すなわち山、平野、川・海が分断されるなか、それらを再結合していく軸をなすものとして、ものづくりを位置づけ企業・社会・地域のなかで捉え直す。本書（原稿）に対する恩師（池上惇・京都大学名誉教授）の下記コメントは、わが産業研究のポイントを的確に掬い上げていただいている。

　「十名さんのものづくり論は、産業を分業だけでなく、創業や営業の次元からも把握され、仕事を起こすこと、地域をつくること、人を育てること、文化を高めることなどが産業論として、総合化されています。」

　「大企業・社会（労働運動を含む）・地域を総合的に論じたのは、十名さんのみ。現代産業論から社会政策や地域企業論を見直すこと。この重要性が解明されています。」

　本書は、ものづくり産業を軸に、企業・社会・地域にまたがる複眼的視点から、持続可能な等身大の循環型産業・地域づくりという21世紀の課題に応える現代産業論として提示するものである。

目次

まえがき

序章 ものづくりへの新たな眼差しと現代産業論アプローチ

1 ものづくりへの注目と再評価 ……………… 14
2 「ものづくり＝製造」論の歴史的背景 ……………… 15
3 農山村地域のなりわいとしての「ものづくり」と柔らかな捉え方 ……………… 16
4 ものづくりを活かす企業・社会・地域 ……………… 17
    4.1 ものづくりを捉え直す ……………… 17
    4.2 日本発のオリジナルな「ものづくり」概念 ……………… 17
    4.3 自然・産業・地域の再生課題に応える「ものづくり経済学」 ……………… 18
    4.4 ひと・まち・ものづくりの三位一体による「等身大」の産業・地域づくり ……………… 19
5 経済学における産業論の系譜 ……………… 20
    5.1 産業研究における2つの流れ ……………… 20
    5.2 産業の構造的・類型的把握と現代産業論への視座 ……………… 21
6 日本産業研究の変遷 ……………… 22
    6.1 戦前から高度成長に至る産業研究の流れ ……………… 22
    6.2 重化学工業研究と産業組織論 ……………… 23
    6.3 ものづくり産業研究の新たな課題と視点 ……………… 24
7 日本における現代産業論の到達点と課題 ……………… 25
    7.1 個別産業研究と産業論との関係 ……………… 25
    7.2 現代産業論の輩出と長期「迷走」トンネル ……………… 26
    7.3 現代産業論の再生に向けて ……………… 27
8 本書の構成──現代産業研究の歩みと試み ……………… 28

第1章 オリジナルな分析手法と個別産業論

1 現場（当事者）視点からの鉄鋼産業論──産業システム・アプローチ ……………… 32
    1.1 製鉄所現場からの眼差しと各分野研究 ……………… 32
    1.2 「日本型フレキシビリティ」論
        ──日本企業の経営・生産システムへの新たな視点とアプローチ ……………… 33

    1.3　日本鉄鋼産業分析の独自な体系化──産業システム・アプローチ ………… 34
    1.4　グローバル産業・大企業体制への産業システム・アプローチ ………… 37
  2　第三者視点からの陶磁器産業論──「型」論による個別産業分析 ………… 41
    2.1　研究対象の転換と「型」論の視点 ………… 41
      1 ▶ 個別産業分析における対象と手法の転換 ……… 41
      2 ▶ 地域密着型産業・経営へのシステム・アプローチ
          ──大学・地域から捉え直す ……… 41
      3 ▶ 「型」産業論への新たなアプローチ ……… 43
      4 ▶ 個別産業論としての展開──複眼的なアプローチ ……… 44
      5 ▶ 複合型産業論としてのものづくり経済学・産業システム論 ……… 45
      6 ▶ 「型」産業論としての共通性──陶磁器産業と鉄鋼産業 ……… 45
    2.2　現代産業論への「技術と文化」アプローチ ………… 45
      1 ▶ 現代産業への新たな視点 ……… 45
      2 ▶ 現代産業論の3つの視点とものづくり ……… 46
      3 ▶ 「型」の技術と文化 ……… 47
      4 ▶ 技術と文化、機能性と芸術性の融合 ……… 48
      5 ▶ 瀬戸ノベルティ産業の発展・衰退プロセスに学ぶ再生への視点 ……… 49

第2章　ものづくり経済学の創造と現代産業論
──個別化から普遍化への展開

  1　ものづくり経済学と現代産業論へのアプローチ ………… 54
    1.1　個別産業モデルから現代産業論への普遍化の課題 ………… 54
    1.2　有形・無形および時間・空間の概念と視点への注目 ………… 54
    1.3　「型」論の創造的展開──体系化への道を拓く ………… 57
    1.4　ものづくり経済学と現代産業論への視座 ………… 58
      1 ▶ 現代産業論としての新たな展開 ……… 58
      2 ▶ 十名[2012.7]にみる3つのねらい ……… 59
      3 ▶ 2つの基本視点 ……… 59
      4 ▶ システム・アプローチの洗練化 ……… 60
  2　ものづくり経済学の基本概念 ………… 60
    2.1　「型」とは何か ………… 60
      1 ▶ 「型」論が担う現代的意味 ……… 60
      2 ▶ 「型」の文化と思想 ……… 61
      3 ▶ 「型」とは何か ……… 62

- 2.2 技術とは何か……… 63
  - 1 ▶ 技術をどう捉えるか……… 63
  - 2 ▶ 技術としての「手段や方法」……… 64
  - 3 ▶ 技術と「型」の比較視点……… 65
- 2.3 「型」とものづくり……… 65
  - 1 ▶ 有形の「型」とものづくり……… 65
  - 2 ▶ 無形の「型」とものづくり──3Dプリンター出現の意味……… 66
- 2.4 ものづくりとは何か──自然・人間観とものづくりの本質をふまえて……… 67
  - 1 ▶ 「ものづくり」にみる多様な含意……… 67
  - 2 ▶ 伝統的な自然・人間観と最新研究の共鳴──ものづくりへの視座……… 68
  - 3 ▶ ものづくりの本質と定義……… 70

第3章 ものづくりの核心と技能・サービス
── ものづくり経済学の深化・発展

1. ものづくりの核心と多様な見方……… 74
   - 1.1 知識社会における「ものづくり」への視座……… 74
   - 1.2 ものづくりと人間労働の経済学……… 75
   - 1.3 ものづくりと創造性──人間と自然の働きへの経済学的アプローチ……… 77
   - 1.4 ものづくりの核心は何か──「設計」と「転写」を問い直す……… 78
2. ものづくりと技能……… 81
   - 2.1 ものづくりの技能と現場……… 81
     - 1 ▶ ものづくりと技能……… 81
     - 2 ▶ 現場と現場主義……… 81
     - 3 ▶ 「現地・現場・現物」へのシステム・アプローチ……… 82
   - 2.2 技能継承の伝統と革新……… 83
     - 1 ▶ 現実空間と電子空間のあり方……… 83
     - 2 ▶ 技能継承の伝統的な手法……… 83
     - 3 ▶ 職人的技能と人間発達……… 84
     - 4 ▶ 現代の熟練と創造性……… 85
     - 5 ▶ 技能継承の困難化……… 86
     - 6 ▶ 技能継承の新たな試み……… 87
3. ものづくりとサービス……… 88
   - 3.1 サービスとは何か──技術・財との関係……… 88
   - 3.2 ものと機能・文化（意味）……… 89
   - 3.3 ものとサービスの融合……… 90

第4章　ひと・まち・ものづくり産業システムと人間らしさ
──現代産業への新たな視座

1　現代産業を捉え直す ……………… 94
　1.1　生業と職業への視座 ……………… 94
　1.2　これまでの産業論の特徴と課題 ……………… 95
　1.3　「生業を生む力量」への産業論的視座 ……………… 95
　1.4　「わざ」と技能を生かす ……………… 96

2　ひと・まち・ものづくりの三位一体化 ……………… 97
　2.1　産業への機能的・文化的アプローチ ……………… 97
　2.2　まちづくりとものづくりを有機的につなぐ ……………… 97
　2.3　産業・地域・労働の文化的創造──工場空間から社会空間への展開 ……………… 98
　2.4　もの・サービスと地域・産業モデルの体系的把握 ……………… 98

3　産業・技術の高度化・システム化が問いかける人間の存在意味 ……………… 102
　3.1　分離・分化から人間主体の再結合・融合化へ ……………… 102
　3.2　工場・産業の発展と変容──過去・現在・未来 ……………… 103
　3.3　技術の高度化・システム化と人間離れ ……………… 104
　3.4　人工知能の進化が問いかける人間の存在意味 ……………… 106

第5章　持続可能な循環型産業システムと環境文化革命
──日本型モデルの創造に向けて

1　環境文化革命と人間志向型技術進歩へのパラダイム・政策シフト ……………… 110
　1.1　人間らしい創造性と環境文化革命 ……………… 110
　1.2　生命地域産業を軸とする「森と海の環境国家」創造に向けて ……………… 111
　1.3　技術進歩のあり方と人間発達 ……………… 112
　1.4　持続可能な地域づくりと相互支援ネットワーク ……………… 113

2　持続可能な循環型産業システム
　　──地域・産業・生命・時間への人類史的視座 ……………… 114
　2.1　人類史的なマクロ視点と現場に根ざした等身大の視点 ……………… 114
　2.2　持続可能な社会への人類史的眼差し ……………… 114
　2.3　定常指向と三位一体の地域・産業システム ……………… 115
　2.4　循環型産業システムと金融循環のあり方 ……………… 116
　2.5　「時間」価値をめぐる評価と政策 ……………… 119

2.6 "Time is Money"から"Time is Life"へ
　　　──生命の生産と再生産への歴史的視座 ……………119
3 ひと・まち・ものづくり産業システムと日本型モデル ……………120
　3.1 生業によるひと・まち・ものづくり ……………120
　3.2 ひと・まち・ものづくりの産業システム ……………121
　3.3 21世紀型「地域創生」のあり方──水平型の循環システムづくり ……………122
　3.4 産業システムの日本型モデル ……………122

第6章　知的職人による等身大のひと・まち・ものづくり

1 等身大の循環型産業・地域づくり ……………126
　1.1 「等身大のシステム」づくり ……………126
　1.2 ひと・まち・ものづくりを担う組織の役割と課題
　　　──企業組織と社会・地域組織にみる相克から共鳴への歴史的視座 ……………127
　　1▶企業組織と社会・地域組織 ……………127
　　2▶情報革命と社会・地域組織の充実が促す企業組織の変革 ……………128
2 グローバル経営に揺れる企業城下町のヨコ型ネットワークづくり ……………130
　2.1 ひたち地域の産業・歴史・文化 ……………130
　2.2 ひたち地域のものづくりとグローバル化 ……………131
　　1▶日立グループのものづくりと企業文化 ……………131
　　2▶日立製作所にみるグローバル経営の加速化 ……………132
　　3▶グローバル化に揺れる企業城下町 ……………133
　2.3 企業城下町からの転換に向けてのヨコ型ネットワークづくり ……………134
　　1▶県北・ひたち地域への視座 ……………134
　　2▶ひたち地域にみるクリエイティブ中小企業 ……………135
　　3▶「ひたちなかテクノセンター」にみる公的支援ネットワーク ……………136
　　4▶日立OBによる企業・技術支援ネットワーク ……………137
　2.4 企業城下町から新産業創造都市へ ……………138
3 中小企業と工業高校の連携が生み出すダイナミズム
　　──ものづくりとひとづくりの「再発見」……………139
　3.1 初等・中等教育における技術教育の課題 ……………139
　3.2 工業高校の技術教育にみる「ものづくり」評価 ……………140
　3.3 工業高校の衰退と専門性の揺らぎ ……………141
　3.4 東京発の中小企業（製造業）と工業高校の連携
　　　──「ものづくり」と工業教育の再構築に向けて ……………142

3.5 「ものづくり基盤技術振興基本法」の成立とその背景 ……………… 143
3.6 工業教育における「ものづくり」の再評価と受容・浸透過程 ……………… 144
3.7 ものづくりとひとづくり・まちづくり ……………… 144

4 中小企業・行政・住民の協働による住工共生型ひと・まち・ものづくり ……… 145
　4.1 東大阪モデルにみる中小企業主導のヨコ型ネットワーク ……………… 145
　4.2 東大阪のものづくりとフレキシブル分業システム ……………… 146
　　1▶中小企業のヨコ型ネットワーク ……… 146
　　2▶東大阪におけるものづくり産業振興の経緯 ……… 147
　4.3 市民・企業・行政連携の住工共生型ひと・まち・ものづくり ……………… 148
　　1▶住工共生と中小企業振興の一体的展開 ……… 148
　　2▶住工共生のまちづくり条例 ……… 149
　　3▶中小企業振興条例 ……… 149
　　4▶住民主導のまちづくり──高井田まちづくり協議会などの取り組み ……… 151
　4.4 未来を切り拓くひと・まち・ものづくりの創意的展開 ……………… 152

5 固有の風土・産業・文化を活かした6次産業経営型ひと・まち・ものづくり
　──周防大島の創意的挑戦 ……………… 153
　5.1 離島再生に向けた「よそ者・ばか者・若者」の挑戦 ……………… 153
　5.2 6次産業経営と地域おこし ……………… 153
　　1▶瀬戸内ジャムガーデンの魅力とその秘訣 ……… 153
　　2▶農家の知恵を活かした多品種少量の手づくり経営 ……… 155
　　3▶瀬戸内ジャムガーデンの経営理念と今後の目標 ……… 157
　5.3 移住・定住に向けた行政の働きかけと創意工夫 ……………… 159
　　1▶定住促進協議会の発足と対外企画（移住フェア・半島ツアー等） ……… 159
　　2▶空き家バンクの活用 ……… 159
　　3▶「職」の開拓と検証 ……… 160
　　4▶移住・定住促進の仕掛人にみる思いと創意 ……… 161
　5.4 移住者たちの起業と地域おこし ……………… 162
　　1▶「うみとそらのたまご舎(や)」にみる循環型農業の経営と新たな道 ……… 162
　　2▶元番組制作者による島のアピールと「不耕起」農法 ……… 163
　　3▶島のひと・ものをつなぐ軽トラ「走る魚市」 ……… 165
　5.5 21世紀をリードする循環型産業・地域づくり ……………… 165

6 知的職人による等身大のシステムづくり ……………… 167
　6.1 地域の誇り・アイデンティティを磨く域外交流と域内循環 ……………… 167
　6.2 知的職人による循環型産業・地域づくり ……………… 168

終章　21世紀ものづくりシステムへの創造的挑戦
――日本学術会議報告書［2008］をふまえて

1　はじめに ……………… 174

2　日本学術会議報告書［2008］の意義 ……………… 174
　　2.1　「ものづくり」の定義と役割の明確化 ……………… 174
　　2.2　「ものづくり科学」と「人工科学」の提唱 ……………… 175

3　日本学術会議報告書［2008］の論点と課題 ……………… 176
　　3.1　「ものづくり」とは何か ……………… 176
　　3.2　「ものづくり」の定義をめぐる行政への忖度 ……………… 176
　　3.3　問われる日本「ものつくり」伝統の軽視 ……………… 177
　　3.4　社会科学的な「生産」概念の欠落 ……………… 178
　　3.5　日本の伝統的な知見が反映されていない「有形」・「無形」概念 ……………… 178

4　自然と人工の融合をめざす「21世紀ものづくり」の発展に向けて ……………… 179
　　4.1　「人工」・「人工物」把握で問われる地球的自然観 ……………… 179
　　4.2　より包括的な「ものづくり科学」さらには「融合科学」への発展 ……………… 181

5　おわりに――循環型ものづくり理論と政策への社会科学的視座 ……………… 181
　　5.1　循環型地球資源観と「ものづくり」・「ひとづくり」 ……………… 181
　　5.2　生命・ものづくり、自然・人工・人間の知性を問い直す ……………… 183
　　5.3　ものづくり経済学と現代産業論の発展に向けて ……………… 183

あとがき ……………… 185

注 ……………… 190
参考文献 ……………… 199
索引 ……………… 204

序章

ものづくりへの新たな眼差しと現代産業論アプローチ

1. ものづくりへの注目と再評価

　「ものづくり」という言葉は、近年よく見聞きする。テレビや新聞・雑誌、本などでも、頻繁に登場するようになった。時代の閉塞を切り拓く「ものづくり」への思いや期待が、そこに込められているように感じられる。

　「ものづくり」という言葉は永らく、製造、職人、工場、農作業など3K（きつい・汚い・危険）労働の代名詞としてイメージされ、敬遠されてきた。工場の海外移転に伴い産業空洞化が懸念され、「脱工業社会」が喧伝されるなか、時代遅れの代名詞とも見なされるようになった。

　そうした流れに変化が出てきたのは、1990年代に入ってからとみられる。90年代後半には、「職人」論が注目され[*1]、1999年には小学生の将来なりたい職業のトップに大工が選ばれた。21世紀に入ると、工場見学がブームになり、製鉄所や自動車工場、航空機整備工場などに人気が集まり、ものづくりの技が見る者を圧倒し魅了するようになる[*2]。見学者を惹きつけるのは今動いている現役の工場だけではない。石見銀山や富岡製糸場などの産業遺産も、歴史的な価値ある産業文化資源として注目されている[*3]。そこには、ものづくりの原点が垣間見えるからであろう。ものづくりの歴史的な原点は、農林業など田舎の生業にあるとみられる。その田舎へ、都市からのUターン・Iターンの流れも出てきている。

　「ものづくり」という言葉がもつイメージ・響きが、大きく変わってきているのである。「ものづくり」が、「こと」あるいは「ことづくり」というフレームワークのなかで捉え直され、その多様な価値が再発見されつつある、とみることもできよう。内外の諸課題に向き合い切り拓いて行く、21世紀型「ものづくり」とは何か、そのあり方があらためて問われている。

2.「ものづくり＝製造」論の歴史的背景

「まちづくり」は、「ものづくり」に先行して広がった言葉である。そのプロセスには関わりや類似性もみられる。「まちづくり」という言葉が登場したのは、1970年代のことである。「まちづくり」用語の広がり、定着プロセスは、示唆的である。住民運動の広がりなどを背景に、官制の都市計画や都市開発といった言葉に代わり、あるいは補完する形で、住民参加など新たな意味合いを帯びながら広がっていく。「まちづくり」は、今や政府・自治体でも欠かせないキーワードになっている。

一方、「ものづくり」という言葉は、3K労働とみなされ忌避される傾向もみられた。それが表に浮上してくるのは、1990年代後半以降のことである。その弾みとなったのが、「ものづくり基盤技術振興基本法」の制定（1999年3月19日）であり、『ものづくり白書』（別名「製造基盤白書」）の登場である。『ものづくり白書』は、「ものづくり基盤技術振興基本法第8条に基づく年次報告」として、2002年版が出されて以来、毎年出版されている。

「ものづくり基盤技術振興基本法」には、中小企業（製造業）に働く金属労働者や経営者たちの、産業空洞化の危機に抗して再生に取り組む思いや活動のエキスが凝縮されている。さらに、そうした取り組みが、工業教育の危機に抗して再生に取り組む工業高校の教師たちの思いや活動に点火し、両者の連携を通して工業教育の再生への大きな力となっている。

しかし基本法には、「ものづくり」とは何かは明示されていない。一方、「ものづくり基盤技術」については、「工業製品の設計、製造又は修理に係る技術のうち汎用性を有し、製造業の発展を支えるもの」と定義されている。白書の内容もそれに沿っており、「ものづくり」を工業とりわけ製造業に限定して捉えていることは明白である。

「ものづくり＝製造」論は、製造に関わる人たちにとっては、自明の前提であろう。一方、「製造」という言葉には、3K（きつい、汚い、危険）と呼ばれる労働・工場などのイメージも付着している。20世紀の終盤、産業空洞化や脱工業社会論が喧伝される中、「ものづくり」を時代遅れの古臭いものとみなす風潮もみ

られた。筆者自身、「そんな時代遅れの研究をなぜ続けているのか」と問いかけられたこともある。

　今や、新たな意味合いや響きをもって、「ものづくり」が迎えられている。

3. 農山村地域のなりわいとしての「ものづくり」と柔らかな捉え方

　他方、農山村地域に目を転じると、地域の空洞化に抗し農林漁業などの「ものづくり」に熱い思いを込めている人たちも少なくない。そうした地域では、まちづくり・ひとづくりとより深く切実につながっているからである。

　「ものづくり」は、農作、耕作を意味する「ものつくり」に由来するとみられる。古来より農山村地域のなりわい（生業）を表してきた。今や、製造と農作が連携し共鳴し合う概念として、さらにはひとづくり・まちづくりと連携させて捉え直すことが求められている。「製造」（あるいは「製造基盤」）に代わって、「ものづくり」という言葉が前面に出てきた背景には、そのような思いや期待があったのではと推察する。

　「ものづくり」には、やまとことば特有の柔らかさや包括的な響きもある。旧来型の「製造」を超えて、より広く国民に受容されるキーワードになる可能性を秘めている。

　「ものづくり」は、古くて新しい言葉である。時代により地域によって、その意味合いも異なるなど、多義的な表現といえる。むしろ、ものづくりの再生に向けて、21世紀に適う言葉として捉え直す必要があると考える。

　かつて、「ものつくり（物作り）」は大地を耕す農作を意味し、そこでの「もの」は農産物を指していた。工業社会になると、ものづくりは製造業の「製造」とみなされるようになる。しかし、農山村地域に行くと21世紀の今も、「もの」とは農林産物、「ものづくり」とは農林業の「農作」として語られるケースも少なくない。「ものづくり」は、多義的に使われているのである。

4. ものづくりを活かす企業・社会・地域

4.1 ものづくりを捉え直す

　ものづくりとは何かを問い直し、21世紀の視点から捉え直すことは、日本の産業・地域づくりにどのような意味をもつのか。本書は、その問いに応える。

　「ものづくり」は、製造業のみに閉じられた概念ではないし専売特許でもない。広く工業的産業さらには農業的産業にも開かれた概念である。むしろ、それらを有機的に再結合し、自然とも循環可能な産業システムへと発展させるキーワードとして、ものづくりを捉えることができるのである。

　そのためには、「もの」とは何か、「つくる」とは何か、そして「ものづくり」とは何かを、ポスト工業社会にふさわしい形で、さらには持続可能な産業・地域づくりという21世紀的な課題に応える方向で、明確にすることが求められている。

4.2 日本発のオリジナルな「ものづくり」概念

　21世紀的な「ものづくり」とは何か。本書は、次のように提起する。「もの」は、無形のサービスと区別し、有形のものに限定し、工業製品のみならず農産物も含める。

　「もの」を無形にまで拡大する見解もあるが、種々の矛盾を内包するとみられる。一方では、ものづくりを無限定に広げ、サービスなどとの区分を曖昧化する。他方では、活動の対象を企業に限定することにより、近代に限定され、それ以外の生産者を捨象しかねない。さらに、「もの」を狭義の「人工物」に限定することで、自然物と深く関わる農業的産業を視野から外すなど、歴史・社会的な視野の狭隘性がみられる。

　本書は、「ものづくり」を歴史貫通的に広く捉える。生産とは、人にとって有用な財・サービス（有形・無形の価値あるもの）をつくりだすことである。一方、「ものづくり」は、生産の一部であり、「人間生活に有用な、秩序と形あるものをつくりだすこと」である。ものづくりは、農業・工業・知識社会および多元化社会

に及ぶ歴史貫通的な概念として捉えることができる。

　「ものづくり」は、日本発のオリジナルな産業概念である。日本独自な理論・政策として、世界に発信することができる統合型産業システム論のコアに位置する。

4.3 自然・産業・地域の再生課題に応える「ものづくり経済学」

　筆者の提唱する「ものづくり経済学」は、それに応えようとするものである。しかし、「ものづくり経済学なんて聞いたことがない」といわれる方も少なくなかろう。日本では、筆者が初めて使った言葉ではないかと推察する[*4]。論文や本のタイトルをみても、他にはほとんど見られない。

　一方、欧米では①Economics of Manufacturing、②Production Economicsなど、「ものづくり経済学」は一定の市民権を得ているとみられる。ただし、わが「ものづくり経済学」とのズレもみられる。

　ズレの核心は、「ものづくり」とは何か、その対象と範囲をめぐる理解にある。①は、製造業に限定されるなど範囲が狭すぎる。②は、工業を中心としつつも（無形など）生産一般にまで拡げる一方、農業は対象から外すなど、視点が定まっていないように見受けられる。

　「ものづくり」には、種々のイメージや意味が込められており、微妙に交錯し合っているように感じられる。ものづくり観をめぐる多様な受けとめ方や食い違いは、なぜみられるのか。本書では、その背景さらにはより深層にも目を向け、思索を巡らす。

　人類にとって地球環境の危機や自らの存在意義が問われるなか、生産、労働、消費とは何かを根底から問い直すのが、日本発ものづくり経済学である。ものづくりは、生産の骨格をなす。ものづくりとは何かを、地球の生物そして人間の原点に立ち返り問い直す。産業の基盤をなす自然・風土、すなわち山、平野、川・海が分断されるなか、それらを再結合していく軸をなすものとして、ものづくりを位置づける。

4.4 ひと・まち・ものづくりの三位一体による「等身大」の産業・地域づくり

　ものづくりについては、まちづくり・ひとづくりとの三位一体視点から、さらには実用性・利便性といった機能的価値にとどまらず芸術性・信頼性・生きがいなど文化的価値づくりをふまえ、捉え直すことが大切である。産業とは、ものやサービスを生産するための活動であり、ものづくり・ひとづくり・まちづくりにまたがる活動といえる。さらに、それらに関わる人々が職場や生活の場で織りなす働きざまや生き様をも含んだものである。

　職場と地域の課題に深く応える「等身大」の産業・地域づくりが求められている。その役割を担うのが21世紀の知的職人である。「働きつつ学び研究する」（「働・学・研」融合）活動を通して育まれる社会人研究者も、その中に含まれよう。

　「等身大」とは、「人間の五感と洞察力でその全体像とポイントがイメージできる水準あるいは範囲」として捉える。巨大・集中・中央ではなく、小規模・分散・ローカルなイメージとつながる。

　「型」論は、人間の五感と洞察力で捉えようとするところにポイントがあり、「等身大」の理論といえる。「型」はシステムの一部で等身大のシステムでもあり、不断の凝縮化・シンプル化を通して現代に生き続けている。限りなく複雑化する高度システム化の時代であるゆえ、等身大で捉え直し人間が制御できるようにすることが切実に求められている。

　「型」論に基づく「等身大」の視点は、シューマッハーの「人間の顔をもった技術」「中間技術」論とも深く共鳴する。「働・学・研」融合による仕事の進め方は、まさに「手づくり」による等身大の産業・地域システムづくりに他ならない。

　今や、産業の基本単位としての企業組織と、企業の外部経済と呼ばれる地域組織や社会組織との関係をどのように把握するのかが問われている。さらに、人間と組織の関係を原点に返って捉え直すことが求められている。

　産業と技術の流れは、情報技術が促す重厚長大型産業から軽薄短小型産業への大転換、アルビン・トフラーのいう農業革命＝分散小規模型から産業革命＝大規模集中型さらに情報革命＝小規模分散ネットワーク型へという歴史

的変化の中で捉えることができる*5。企業経営も、官僚組織のような固い組織から、ネットワーク型の柔軟な組織へと転換せざるを得ない。

しかし、企業組織は、市場における競争原理や企業の利益最大化への誘因に絶えずさらされる場である。内部経済を担う企業組織において、人は「もの」として扱われる可能性が高い。企業の多くは今も、国家的な産業政策が主導する機械体系のためのフレキシビリティと労働力流動化・不安定化の世界にとどまる。

企業組織を地域組織や社会組織のサポートによって、人間発達の場へと転換することが求められている。産業においても、産業間相互生存競争の場から産業・芸術・学術の融合による創造産業化・総合化と公正競争の場への転換が展望される*6。

5. 経済学における産業論の系譜

5.1 産業研究における2つの流れ

産業研究には、大別すると2つの流れがみられる。1つは個別の産業についての研究であり、もう1つは産業を類型的・構造的に捉え、その本質と発展方向を明らかにしようとする試みである。

産業の問題は、経済学の歴史とともに古いものがある。農業、工業、商業の3区分は、創始者といわれるウィリアム・ペティ（17世紀後半）に遡る。しかし、産業の概念については、経済理論上は必ずしも明確ではない*7。

近代経済学においては、分析の基本単位が、ミクロ経済学の場合は企業ならびに家計であり、マクロ経済学の場合は経済全体としての企業や家計の集団であって、産業は不可欠の基礎概念として登場する必然性をもたない。産業概念を登場させることの多い論者の場合でも、アルフレッド・マーシャルは「代表的企業」という概念を設定して代置した。

産業組織論においては、産業をミクロ視点から捉え、共通の商品を生産し市

場に供給する企業グループ、と定義される。市場という範囲に特定化された産業概念である。工業経済論においても、産業をミクロ視点から捉え、財貨を生産するためのもので様々な生産物の生産者群から構成される、と定義される。一方、産業構造論では、産業をマクロ視点から捉え、国民経済の組成単位と定義し、産業間の組み合わせに注目する。

5.2 産業の構造的・類型的把握と現代産業論への視座

　産業の総体を構造的に把握しようという試みは、古くから行われていて、優れた経済学者は経済および産業の全構造について一定の見解をもっている。重農学派のフランソア・ケネーは、『経済表』によって経済構造観を提示した。その考え方はカール・マルクスの再生産表式やワシリー・レオンチェフの産業連関分析に大きな影響を与えたとされている。

　産業構造についてのコーリン・クラーク[*8]やワルター・ホフマン[*9]の研究は、長期の統計を分析して一種の経験法則を抽出したものである。それらの量的研究に基づく経験法則は、その後の議論の出発点となっている。大掴みな方向を示すにとどまるゆえ、現実の産業についての何らかの判断基準あるいは政策につなげことは難しく、産業についてのより詳細な分析が必要となる。

　産業の類型的な把握、いわば質的研究に道を切り開いた先駆として、マルクスの『資本論』がある。ものづくり工場における、マニュファクチャー（工場制手工業）から機械制大工業への産業発展プロセスが照射され、その後の産業論のベースをなしてきた。

　量産型経営下では、官僚組織が肥大し「疎外された労働」を産み出す。それを改善するために整備される「工場法」が切り拓く可能性を、マルクスは人間発達論として捉えた。しかし、厳しい生存競争のもとでは、たえず空洞化を余儀なくされ、機械のリズムに人間がより深く従属させられ、人間疎外を拡大・深刻化させていく。

　この難題とジレンマに組織論のから切り込んだのが、マーシャルである[*10]。内部経済を担う企業組織と、外部経済を担う地域組織や社会組織の役割の違いと関係性に注目する。倫理・法や交通・通信など社会の共通基盤をなし学び合

いや育ち合いの関係を育んできた地域組織や社会組織が、企業組織を制御していくという視点を提示する。

『資本論』の描く産業発展像を歴史的・理論的に相対化させた研究として、ダニエル・ベルの脱工業社会論[*11]が注目される。資本主義の発展がもたらした工場と機械に基づく産業社会を工業社会として捉え直し、知識とサービスに基づく新たな産業社会（知識社会）が到来していることを示した。

ピオリ／セーブル『第2の産業分水嶺』[*12]は、グローバル産業・大企業主体の大量生産体制に傾斜した現代の硬直的な産業体制に警鐘を鳴らした。それに対して、柔軟な専門化と地域コミュニティに依拠した中小企業ネットワーク主体のクラフト体制をより重視した産業発展のあり方を対置し、後者への転換を提起した労作である。

ダニエル・ベルおよびピオリ／セーブルは、『資本論』や『国富論』の再検討をふまえ、工場と産業発展のあり方を相対的に捉え直したが、その複眼的な視点は21世紀の産業研究のあり方に深い示唆を与えている。

フレキシビリティの質とあり方に目を向け、大企業主体のグローバル産業と、地域に根ざした中小企業主体の地場産業を統合的に捉え直し、バランスのとれた発展のあり方を指し示すことが、現代産業論に求められているといえよう。

6. 日本産業研究の変遷

6.1 戦前から高度成長に至る産業研究の流れ

日本における産業研究およびそれらを反映する産業論は、時代とともに大きな変容がみられる。

戦前においては、日本資本主義を考える際に農業の位置づけが重要な意味をもち、最大の産業分野である農業の研究には、多くのエネルギーが注がれた。軽工業とくに綿業の研究も、盛んになされた。綿工業は、重工業が未発達な状態のもとにあって、近代産業の主導部門として再生産過程の要に位置していた

からである。

　農業や軽工業についての研究は、それなりの歴史的意味をもつものであったが、戦後の高度成長、それに伴う産業構造の急激な変化のもとで、産業研究も大きな変容をみる。個々の産業の興隆や斜陽化が加速されるなか、産業構造はどのように変化し、そのなかで個々の産業はどのように変わっていくのかなど、産業問題をめぐる関心の高まりに応える産業論が求められるようになる。

　個別の産業についての研究は、はじめは分散的に行われていた。やがて、個々の産業の動きを全体の動きのなかで捉えようとする研究方法や、幾つかの要因について産業を横断的にみるという研究方法が出てくるなか、産業論という一般的な形で呼べるものが形成されてきたのである。

　100名を超える研究者による『現代日本産業講座』（有沢広巳編［1959-60］）の刊行[*13]は、日本ものづくり産業研究として1つの画期をなすものであった。1つの「産業論の試み」でもあったが、産業論としては見るべきものは少ない。しかし、個別産業分析では、資本、技術、労働、市場という産業全般に共通した要素へのアプローチがなされ重厚な研究もみられる。

6.2 重化学工業研究と産業組織論

　高度成長によって重化学工業化が進むなか、重化学工業を対象にした個別産業研究が盛んになり優れた研究成果も出てくる。それらに対応する産業論（一般論）の1つに、工業経済論がある。工業経済論の多くは、重化学工業化を素材にして大工業論（『資本論』）と独占理論に基づき編集されている。しかし、産業論の一般論としての展開は比較的少なく、「それほどみるべき成果をあげていない」との指摘もみられる。なお、技術論を軸にして再構成された工業経済論には、興味深いもの（中村静治［1973］[*14]）もみられる。高度成長を経て産業をとりまく諸条件が大きく変化するなか、資源や環境という要素も織り込んだアプローチが求められるようになる。

　重化学工業視点からの産業研究としては、高橋亀吉［1975］[*15]が注目される。戦後日本経済の発展を可能にした基因と副因について、戦前に欠けていた要因がどのように付加され機能したかを、鉄鋼業をはじめとする重化学工業を軸

に、内外の先行研究をもふまえ、総合的かつシステム的に提示したものである。筆者の鉄鋼産業研究、そのシステム・アプローチにも深い示唆を与えた。

1970年代以降になると、産業論としてはアメリカ発の産業組織論が浮上し、工業経済論からのシフトも顕著になる。産業組織論は、産業研究を定式化して、個別産業研究に一定の成果をもたらすとともに、産業横断的な把握にも道を開いた。ただし、多様な要素から成る個別産業を体系的に深く分析した例は、少ないように見受けられる。個別産業を深く分析するには、関連する産業や行政、地域などとの関係を産業論としてもいかに把握するかが問われよう。

6.3 ものづくり産業研究の新たな課題と視点

石油危機を経て産業構造は大きな変容をたどり、重化学工業化それも重厚長大化から軽薄短小化へ、さらにはサービス産業化へとシフトする。また、産業間の垣根が低くなり、産業融合ならびに企業の経営多角化が進行する。「ものづくり大国」と呼ばれた日本も、変動為替相場制のもと大幅な円高が進行するなか工場の海外シフトが加速し、ものづくり産業の空洞化や地域経済の衰退などが深刻化するに至っている。

吉川弘之監修・JCIP編［1994］[*16]は、米国ものづくり産業の現状と問題点を分析した『Made in America』に触発され、その日本版として1994年に出版された。円高とバブル経済崩壊の下、国際競争力に陰りがみられだした日本の製造業について、その構造的、本質的な課題に焦点をあて分析したものである。日本型システムへの産業アプローチとして注目されるが、大企業主体のグローバル産業に限定されたものにとどまっている。

グローバル産業・大企業体制のみならず地域密着型産業・中小企業ネットワークも含め、ニーズや技術の変化に見合った再生のあり方、新たな産業の生成・発展に向けたイノベーションが求められており、それに応える産業研究が問われている。

7. 日本における現代産業論の到達点と課題

7.1 個別産業研究と産業論との関係

日本における現代産業論の到達点として、次の3冊をあげることができる。

・富山和夫　[1973]　『現代産業論の構造』新評論
・中村静治　[1973]　『現代工業経済論』汐文社
・宮沢健一　[1975]　『産業の経済学』東洋経済新報社

　富山和夫[1973]は、個別産業研究と一般論としての産業論との関係にメスを入れ、産業の機能別・要因別把握を行うことによって、産業論として体系的に捉えようとしたものである。産業とくに工業に焦点をあて、その機能別・要因別把握を「(1) 材料産業と装置工業」、「(2) 組立産業と機械工業」、「(3) 資源、環境、系譜、技術、国際競争」という3グループの視点から試みている。
　しかし、産業論において、上記3グループはどのような相互関係にあり位置づけがなされているのか、どこまで深めることで産業の分析やの産業間の比較分析が可能になるのか、などは明確ではない。また、「独占資本の市場支配」などの「原則的な面」や「社会的・文化的なもの」も取り上げられているが、機能別・要因別把握とどう関わり、どこに位置するのかも定かではない。せっかくの試みが、構想・設計の域にとどまっている。産業とは何か、現代産業とは何かという、基本概念に立ち返っての深い分析がなされていないためではないかとみられる。
　中村静治[1973]は、技術の視点から工業経済論として体系化されたものである。産業について、次のように定義する。「人間の社会生活全体の維持・発展のために必要な財貨を生産するためのもので、その活動はさまざまな生産物の生産者群から成っている」
　それはまさに、ものづくり産業の定義に他ならない。ものづくりは、技術の視点から論じられているが、サービスを織り込んだ産業論にはなっていない。

宮沢健一［1975］は、経済学の基礎理論に立ち返って産業概念、産業分析を位置づけるとともに、産業構造、産業連関、産業組織、サービス経済などの視点から体系的に産業を捉えている。それに類する成果として、篠原三代平・馬場正雄編［1973-4］『現代産業論』（3巻：1産業構造、2産業組織、3産業政策）日本経済新聞社も注目される。宮沢健一［1975］は、日本における現代産業論の白眉をなすもので、これを超える研究はいまだに出ていないとみられる。

　富山和夫［1973］、中村静治［1973］は、財貨を中心に組み立てられてきた伝統的な経済学をふまえ、自動車産業研究をベースに理論化されたものである。一方、宮沢健一［1975］は、サービスを物財と同等に位置づけて扱う近代経済学とくにマクロ経済学の成果をふまえ、理論化されたものとみられる。

7.2 現代産業論の輩出と長期「迷走」トンネル

　いずれにせよ、現代産業論としての体系的な成果が、1973～75年の時期に集中的にみられるのは、興味深いものがある。

　公害問題が深刻化し石油危機が勃発して、高度成長が終焉を迎えるなか、重厚長大型から軽薄短小型へ、資源・エネルギー多消費型から省資源・省エネルギー型への技術・産業構造転換、工業社会から情報化社会への移行などが、喫緊の課題として浮上した時代でもあった。そうした時代的な要請に触発されて輩出したのが、現代産業論研究であったといえる。しかし、それらを超える研究はその後に出ていないようで、40年以上に及ぶ産業論の「迷走」トンネルを未だ抜けていない、とみられる。

　宮沢健一［1975］は、それを予知するかのように、産業論の「迷走」に警鐘を鳴らした。「多くの含意が託されやすい」情報化論などの登場に伴い、「多数の新呼称の提唱を伴いながら一人歩きし、ある種の混迷が随伴している」、「新しい産業概念の提唱とその未整理」もその一因とみる。

　なお、上記3者の産業論は、それぞれ独自に展開されており、相互の交流や切磋琢磨はみられない。広く共有される産業論としての理論化・一般化への努力が弱く、諸課題に深く応えられなかったことも、長期「迷走」を余儀なくさせた一因といえるのではなかろうか。

7.3 現代産業論の再生に向けて

　産業と企業の関係の複雑化も、産業を捉えにくくしている。「従来の産業論における産業という単位は、企業ベースではなく商品ベースを軸にして概念されてきた」が、「多市場・多産業にまたがる企業活動が拡大」するなか、「両者の重複と交錯関係」をどう捉えるか（宮沢健一［1975］）が、あらためて問われている。

　社会、地域との関係、文化的なものを、産業概念さらには産業論としてどう取り扱うか（富山和夫［1973］）、さらに「ものづくり」概念がクローズアップされるなか、ものづくりをまちづくり、ひとづくりとの関係もふまえどのように捉え直すかも、近年重要性を増している課題である。

　現代産業への文化的アプローチには、現代産業論再生への貴重な示唆が含まれている。その先駆的な成果として、池上惇［2003］『文化と固有価値の経済学』岩波書店が注目される。デヴィッド・スロスビー［2001］の文化産業3層モデルをより広義の視点から捉え直し、芸術文化の創造性が第1次・2次産業など従来型産業や衰退地域を創造型産業・地域へと変えていき、両者の融合・発展が現代産業の推進力になると説く。

　文化的なアプローチは、（技術的アプローチに目を奪われがちであった）わが産業研究を切り拓く大きなインパクトになった。技術と文化の両側面から現代産業を捉え直すとともに、ものづくりを軸にまちづくり・ひとづくりの三位一体的な視点から現代産業にアプローチする。

　ものづくりの多くを担う企業組織、ひとづくり・まちづくりと深く関わる社会組織と地域組織の3者は、ながらくバラバラに分断統治され、疎外された状況を余儀なくされてきた。これまでの疎外された関係から、相互の強みや特徴を学び合い生かし合う三位一体的な関係へ、いわば等身大ひと・まち・ものづくりシステムへ、どう転換していくか。現代産業論においても、根底から問われている。

　本書は、こうした現代産業論の課題に挑戦し正面から応えることによって、長期にわたる「産業論の『迷走』トンネル」からの脱出を図ろうとするものである。

8. 本書の構成——現代産業論研究の歩みと試み

　わが産業研究も、早や40数年になる。ものづくりを担う鉄鋼産業および陶磁器産業を中心に、日本各地の地場産業やまちづくりなども対象としてきた。産業とは、ものやサービスを生産するための活動であり、ものづくり・ひとづくり・まちづくりにまたがる活動といえる。さらに、それらに関わる人々が職場や生活の場で織りなす働き様や生きざまをも含んだものである。

　ものづくりを軸にしたわが産業研究をふり返ると、2つの流れに大別できる。

　1つは、個別産業研究を中心とした前半から半ばにかけての時期で、第1章がそれにあたる。20数年の鉄鋼産業研究から10年余の陶磁器産業研究に至る30数年の間で、グローバル大企業・重化学産業研究から中小企業・地場産業研究へと、研究対象および研究アプローチのシフトがみられる。

　2つは、ものづくり経済学さらには現代産業論として理論化し体系化を図った後半期である。十名［2008.4］から本書に至る期近の約10年のことで、第2章から6章までがそれに相当する。

　いまにして思う。鉄鋼産業研究にとどまっていたなら、産業論の理論化・一般化は難しかったであろう。また、そのような問題意識や意欲、着想も出てこなかったに違いない。陶磁器産業という他の産業にチャレンジし、鉄鋼産業との比較視点から深く研究することで、複眼的な視点や分析手法、発見、それに基づく理論化・一般化への道が切り拓かれたのではと推察する。それぞれの個別産業研究において、独自な視点や理論、アプローチを見出していたことも、ものづくり経済学さらには現代産業論へと展開する重要な足掛かりとなった。

　なお、個別産業論から現代産業論に至るわが産業研究のエポックとプロセスに光をあてた本書は、8章（序章、第1章〜6章、終章）から構成される。

　「第1章　オリジナルな分析手法と個別産業論」は、鉄鋼産業および陶磁器産業をオリジナルな分析手法で体系的に分析したものである。

　「1　現場（当事者）視点からの鉄鋼産業論」は、1970年代から1990年代半ばにかけて進めたものである。製鉄所での原料管理を通した「ものづくり」体験がベースになっており、「現代産業論」の原点となっている。

鉄鋼産業の中でも高炉メーカーを中心に分析し、いわばグローバル産業・大企業論として光をあてる。資源・技術・技能・労働・経営にまたがる各要素を、現場（当事者）視点から掘り下げ、産業システムとして体系化する。3冊の単著書として編集・出版したのは、大学に転じて数年以内のことである。

　「2　第三者視点からの陶磁器産業論」は、1990年代後半から2000年代後半（40歳代終盤から50歳代）にかけて行ったものである。対象とした陶磁器産業とくに瀬戸ノベルティは、地域密着型の中小企業であり、第三者として見学・ヒアリング調査に基づき分析を進めた。

　しかし、研究対象および研究手法の転換は容易ではなく、体系化する段階で試行錯誤を余儀なくされる。「型」産業論として、技術と文化、産業と地域という複眼的視点から捉え直すことにより、1冊の本（十名［2008.4］）に仕上げることができた。

　「第2章　ものづくり経済学の創造と現代産業論――個別化から普遍化への展開」において、節目となったのは2008年である。単著書の出版に加えて、教育面でも節目の年となった。

　筆者は、1992年に名古屋学院大学に赴任以来、「工業経済論」と「技術論」を講義科目としてきた。それを、「現代産業論」と「ものづくり経済学」に衣替えして再スタートを切ったのが、2008年である。講義を通して、理論化・体系化する課題を意識するに至る。

　理論的な起点に位置するのは、十名［2010.12］である。「型」理論の視点からこれまでのわが研究を「ものづくり経済学」として捉え直し、ものづくり、技術、産業などを定義し直して理論化したものである。

　ものづくりに関わる仕事や研究を始めて30数年、ようやくものづくり経済学としての体系をつかみ出すことができたのである。それをベースに、十名［2012.7］ではさらなる掘り下げを行っている。

　「第3章　ものづくりの核心と技能・サービス」は、人間労働と自然の働き、生命の転写と発現などの視点から、ものづくり論をめぐる二極化（製造に限定論、サービスなど無形にまで広げる無限定論）にメスを入れ、本来的なものづくり論を対置するとともに、技能とサービスの視点から深めている。

　「第4章　ひと・まち・ものづくり産業システムと人間らしさ」は、現代産業に

生業と職業という複眼的視点からアプローチするとともに、ひと・まち・ものづくりの三位一体的なつながりとして捉え、産業・地域モデルとして位置づける。さらに、産業・技術の高度システム化に伴う非人間化に警鐘を鳴らし、人工知能の進化が問いかける人間の存在意味を問い直す。

「第5章 持続可能な循環型産業システムと環境文化革命」は、人類史的なマクロ視点と現場に根ざした等身大の視点をつなぐ循環型産業システムを提示する。それをふまえ、地球環境と人間存在の危機が進行するなか、環境文化革命すなわち生命地域産業（ものづくり）を軸に山・平野・海が川を経由して三位一体化する循環型産業・地域システムの創造を対置する。

「第6章 等身大の循環型産業・地域づくり」は、ひと・まち・ものづくりを創意的・一体的に展開する4つの産業地域モデルを取り上げ、企業組織、地域組織、社会組織が分断・疎外関係から有機的な連携・共鳴関係へと転換するプロセスとそのダイナミズムの一端に光をあてる。

その1つが、グローバル経営下で企業城下町（強固なタテ型システム）からの脱却を図る、ひたち地域の創意的なヨコ型ネットワークづくりである。2つが、東京から始まった中小企業（製造業）と工業高校との連携による「ものづくり」教育再生のドラマである。3つが、東大阪における住民・企業・行政の協働による住工共生と中小企業支援の一体的展開である。4つが、固有の風土・歴史・文化を活かした6次産業経営を軸とする離島（周防大島）再生のドラマである。

「終章 21世紀ものづくりへの創造的挑戦——日本学術会議報告書[2008]をふまえて」は、機械工学の視点からまとめられた21世紀ものづくり論を社会科学的な視点から捉え直し、その論点と課題を提示したものである。さらに農学的な視点を織り込んだ21世紀ものづくり論の重要性を提起している。

以下では、各章に沿って、ものづくり研究の視点から、40数年にわたるわが歩みに光をあてる。その試みを通して、「ものづくり経済学の理論と政策」を紡ぎ出すプロセスを、さらには「持続可能な等身大の循環型産業・地域づくり」という課題に応える現代産業論を浮かび上がらせてみたい。

1

オリジナルな分析手法と
個別産業論

1. 現場(当事者)視点からの鉄鋼産業論
―― 産業システム・アプローチ

1.1 製鉄所現場からの眼差しと各分野研究

　労務管理の厳しい高炉メーカーの独身寮で、『資本論』を初めて紐解き読破したのは、製鉄所での半年間にわたる新人実習中のことである。鉄鋼生産現場の最前線に踏み込んだ衝撃の深さが、また1970年代初めという時代的雰囲気が、そうした行動に駆り立てたのかもしれない。製鉄所に配属され、半年余の現場実習(1971年)の後、(鉄鉱石、石炭、スクラップなど生産費の大半を占める)鉄鋼原料管理の仕事に就いた。その後、退職するまでの21年間、高炉を擁する製銑部門(技術部門)にて働き、事務・技術・技能が渾然一体となった現場でのホットな体験や知見に学びつつ産業研究を進めた。

　そうした中から紡ぎ出された最初の小論が、十名［1973,74］「大工業理論への一考察(上・下)」)である[*17]。鉄鋼生産現場の視点から、科学・技術・労働の関係を理論的に考察したもので、入社後、3年目のことであった。

　大工業において、労働過程および科学技術をどのように捉えるべきか。このテーマをめぐって、当時の論壇を風靡していた芝田進午氏の所説[*18]に焦点をあて、『資本論』や『経済学批判要綱』に立ち返り、物質的富の生産と科学技術の間の分業、部分労働と全体労働の間の分業などの視点から捉え直した。

　ものづくり経済学さらには現代産業論への第一歩とみることができる。それをきっかけに、大工業論、資源論、技術論へと働きつつ研究を進めていく。製鉄所勤務の20代半ばから30代初めにかけてのことである。とくに、鉄鋼産業をモデルとして実証研究により深めていった。

　わが鉄鋼産業分析の嚆矢をなす十名［1975,76］「資源危機における日本鉄鋼業の原料炭問題と今後の動向」(上・中・下)」は、資源危機の視点から鉄鋼資源問題を分析したものである[*19]。

　鉄鋼メーカーでの21年間は、製鉄所現場での仕事や交流を糧に、グローバルな大企業が主導する鉄鋼産業の資源・技術・技能・生産・労働・労使関係・

経営などの研究を進めた。しかし、各分野の個別論文は書けても、それらを体系的にまとめるのは思いのほか難しく、なかなか捗らない。

その壁を破る手掛かり、体系的にまとめる着想を得たのも、実は現場においてであった。製鉄所の生産現場において、原料管理の仕事中にふと閃く。40代初めのことである。

1.2 「日本型フレキシビリティ」論
—— 日本企業の経営・生産システムへの新たな視点とアプローチ

1992年、名古屋学院大学に転じる。直後の数年間は、鉄鋼現場での研究成果の集大成に傾注した。その成果が、日本的経営論および鉄鋼産業論としての3冊の単著書である[20]。

基本的な視点や方法論、論点などを体系的に提示したのが、1冊目の本（十名［1993.4］『日本型フレキシビリティの構造』）である。その視点から実証研究としてまとめたのが、2冊の日本鉄鋼産業論（十名［1996.4］『日本型鉄鋼システム』、［1996.9］『鉄鋼生産システム』）である。

3冊に共通するのは、「日本型フレキシビリティ」視点からのシステム・アプローチである。それは、（1980年代から90年代初めにかけて活発に展開された）「日本的経営」および日本の生産システムをめぐる内外の研究と論争の総括をふまえ導き出したものである。

1980年代に、日本（とくに大企業）は「ジャパン・アズ・ナンバーワン」ともてはやされた。その生産システム版とみられるのが、『Made in America』やポスト・フォーディズム論[21]などである。日本企業の強みの源は生産システムのフレキシビリティ（融通性・柔軟性）にあるとする「フレキシビリティ」論が、産業界や学会を風靡した。

当時、日本の生産システム（いわゆる「日本型生産システム」）にみられる「フレキシビリティ」は、日本的経営のコア（さらには日本資本主義のキーワード）であり、普遍性を有するとみなす見解が主流となる。その一方で、特殊性や「前近代性」を過小評価しているとの反論も一部にみられた。しかし、いずれも企業内（および系列内）の生産システムに視野が限定されがちで、普遍性と特殊性を内

包した産業システムとして統合的に捉えるアプローチは希少であった。

「フレキシビリティ」をめぐる内外の研究と論争は10年余に及んだとみられるが、ほとんどは自動車産業の生産システムをベースにしたものであった。鉄鋼など装置産業などは視野に入っていなかったとみられる。

これに対し、鉄鋼産業の生産現場にあって違和感を拭いえなかった筆者は、十名［1993.4］などにおいて、生産現場での労働体験と知見に基づき、両産業にまたがる視点から「日本型フレキシビリティ」論を対峙させた。すなわち、フレキシビリティのプラス側面だけを、また生産システムだけを論じても、日本企業の本質と課題を捉えることはできないとし、リジディティ（硬直性）の側面も含む「日本型フレキシビリティ」論を提起した。

「日本型フレキシビリティ」は、日本の生産システムおよび企業システムが内包する柔軟性と硬直性の両面を統合して捉えたものであり、それを独自の概念として提示したものである。すなわち、日本的なノウハウが凝縮された生産システムが有するフレキシブル機能、企業内および社会的バックアップシステムによる補完機能、そして両者が織りなすフレキシビリティの光と影の両側面、を統合して捉えたものである[22]。

1.3 日本鉄鋼産業分析の独自な体系化──産業システム・アプローチ

少子高齢化の深刻度が増す日本社会において今や、働きづらく産みにくい働き方をどう変えていくかが大きな論点として浮上している。そうした日本的な働き方のコアに位置するのが、3つ（職務内容、勤務地、労働時間）の無限定性であり、それを課せられた基幹労働力の働き方である[23]。

今日的な喫緊の課題としてクローズアップされている上記のテーマ、とりわけ日本的な労使関係と働き方にみる無限定性について、企業にとってのフレキシビリティ（柔軟性）、労働者にとってのリジディティ（働きづらさ）の両面性からなる、「日本型フレキシビリティ」として捉えたのが、十名［1993.4］である。

さらに、「日本型フレキシビリティ」論を、装置産業の典型とみられる鉄鋼産業をモデルにして、生産システムおよび産業システムの視点から、またそこに従事する労働者という目線から、捉え直したのが、2冊の本（十名［1996.4］

[1996.9]）である。

　日本的な働き方をつくりだしてきたのは、大企業主導の労使協調を軸とする日本的労使関係である。日本的労使関係は、歴史的にどのようにつくりだされてきたのか。それが、今あらためて問われているが、先駆的に形成・展開され最も明瞭にみられたのが、日本鉄鋼業である。鉄鋼における労働と労使関係のあり方、その形成史に焦点をあて、日本鉄鋼産業論として提示したのが、十名［1996.4］である。労使関係を軸とする日本鉄鋼産業論は、初めての試みとみられる。

　また、鉄鋼労使関係の形成・展開と軌を一にしてつくりだされてきた鉄鋼生産システムは、日本的生産システムの基本的な特徴を典型的に有している。そこで、資源・技術・技能・労働を軸に鉄鋼生産システムの内実を体系的に分析したのが、十名［1996.9］である。

　いずれも、広義の視点からの産業システム・アプローチに基づいており、鉄鋼産業をモデルにして「日本型フレキシビリティ」論を検証したものである。

　日本鉄鋼産業は、「鉄は国家なり」を自負する巨大な基幹産業であり、世界鉄鋼業のリーダーでもあった。巨大な銑鋼一貫製鉄所を舞台に、鉄鉱石や石炭という一般資源を大量輸入し、大規模な機械・装置で加工した鉄鋼製品を大量輸出する。まさに大工業論の現代版であり資本集約型の大企業体制論であった。海外資源の開発・輸入、技術の開発・改良、熟練・技能、労使関係、業界・行政ネットワークなどは、いずれも日本的な特徴を有しており、日本産業のモデルとなってきたものである。

　この巨大な鉱脈に、産業システム・アプローチという手法で研究のメスを入れた。産業システム・アプローチは、システム・アプローチの手法[*24]と「日本型フレキシビリティ」論を組み合わせた、産業分析の独自な手法である。

　産業は、それぞれに固有の目的をもち、それを達成する諸要素と諸機能からなる。具体的には、企業内をはじめ企業間、産業内・産業間などにまたがる多様な要素から構成されている。

　産業システム・アプローチは、それらの全体像と各構成要素を明らかにし、それらの相互関係とそれがもたらす諸機能を明らかにする。またそれを通して、その産業の全体像と特徴、さらにはその本質と課題を浮かび上がらせようとする

ものである。

　その課題意識と手法に基づいて、日本鉄鋼業を捉え直し、その全体像と本質、構成する諸要素とそれらの関係を示したのが、日本型鉄鋼産業システムである。

　日本型鉄鋼産業システムは、企業内統合システムと社会的なバックアップシステムからなる。企業内統合システムは、鉄鋼生産システムを軸とし企業内バックアップシステムによって補強されたものである。さらに、企業内システムを補強するのが社会的なバックアップシステムである。なお、鉄鋼生産システムは、ハードウェアとソフトウェアからなる。ハードウェアのコアに位置するのが、臨海立地の銑鋼一貫製鉄所である。そこに焦点をあて、クローズアップしてみよう。

　臨海立地製鉄所は、日本鉄鋼業が切り拓いた新たな工場（製鉄所）立地モデルであった。大手高炉メーカーが共同で、また政府や大手商社も一体になり、世界各地の高品位な鉄鋼資源を開発・入手し、大型専用船・兼用船で輸送し、製鉄所に直接荷揚げする。製鉄所は、最新技術で装備された高炉や転炉、各圧延工場が合理的なレイアウトで配置され、コンピュータによって一貫統合管理されている。各工場では、ジョブローテーションや改善活動が活発に展開され、現場重視の技術者や高いモラルの多能工が一体となり、高品質な原材料や製品をつくり出していく。まさに、世界に比類のないグローバルかつ高度な生産システムがそこに展開し機能しているのである。それが、1960年代から80年代にみる鉄鋼生産システムの内実であり、日本型といえるコアが凝縮していた。日本鉄鋼産業の核心もそこにあったといえる。

　1970年代の石油危機後、世界の製鉄所は、資源指向型の内陸立地から市場指向とも連動する臨海立地へと転換する。他産業においても、しかりである。まさに日本鉄鋼業は、工場立地革命のパイオニアとなったのである。

　以上にみるような特徴をもつ日本型鉄鋼産業システムは、「鉄は国家なり」に象徴される「鉄の威信」、協調と競争のダイナミズムをもたらし、従業員の高いモラルや忠誠心を引き出して、高生産性・高品質、世界トップの技術水準を生み出した。

　しかし、「日本型フレキシビリティ」は、プラスの方向だけでなく、マイナスの方向にもいかんなく発揮される。

企業間および行政との関係においては、談合などインフォーマル・カルテルを体質化させ新規参入障壁を高めるとともに、特定の競争分野では、過剰な設備能力や採算割れの過剰品質競争など同質化競争の弊害をもたらした。

　また企業内にあっては、企業別労働組合の企業依存・形式化を進めて「鉄の一発回答」・ストなし春闘に象徴される経営主導の労使関係をつくり出した。1960〜70年代には、企業内における異端の排除、集団への過剰同調性と個人主義の抑制、人事評価の無限定性と職制のインフォーマルな支配が強まる。その下で、合理化や労務管理などが経営主導で推進されていくとともに、日本の労働組合運動、労使関係をも経営主導に変えていくモデルとなり引き金となった。さらには、1980年代以降に顕著となる日本型企業社会を生み出す伏線となるのである。

　それらを体系的に示したのが、「図表1　日本型鉄鋼産業システムの構造と機能」である。

1.4　グローバル産業・大企業体制への産業システム・アプローチ

　日本企業が海外市場での現地生産を本格化させるなか、日本的経営についての「普遍性・特殊性」をめぐる議論も新たな展開をみせる。日本固有の歴史と風土において育まれた経営スタイルは一般的に「特殊性」とみなされ、そのうちで日本の文化的・社会的風土と切り離しても機能するものは、「普遍性」として再評価されるようになる。

　日本的経営とみられる要素も、その多くは、欧米の経営方式が日本に導入され日本社会の伝統的な文化や経営方式と融合する中で、日本企業に適合する形に編集され洗練されてきたものである。「日本的経営」のグローバル化が進むなか、海外（とりわけ先進国）においても適用できる形に定式化されたものを、「日本型」として評価されるようになり、「日本型経営」とも呼ばれるようになっていく。

　90年代初めに提示した筆者の「日本型フレキシビリティ」論は、そうした「日本型経営」論の先鞭を付ける位置にあり、「日本型」の特質と課題を産業システム論の視点から捉え直したものである。

図表1　日本型鉄鋼産業システムの構造と機能

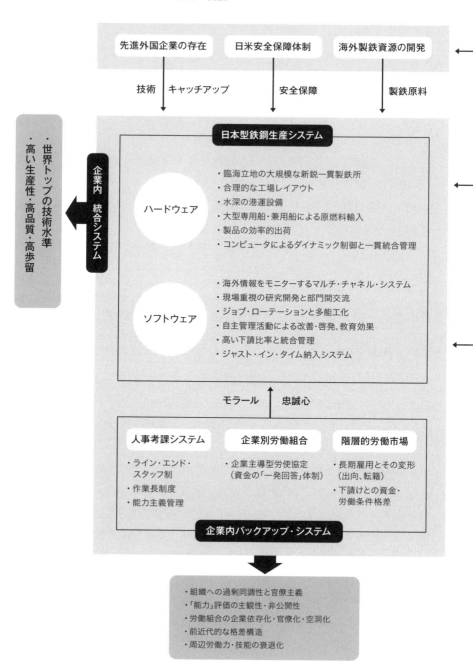

注：十名直喜［1996.9］『日本型鉄鋼システム』同文舘（6-7ページ）を一部手直す。

社会的なバックアップ・システム

政策的支援
財政的支援

政府との官財ネットワーク

- 政府の役割の変化
  直接的介入・指導から「仲介機関」へ
- 業界団体を窓口に政府との定常交流
- 行政指導による企業間協調体制促進
- 生産計画ガイドラインによる生産調整
- 許認可権を通じての管理・調整
- 「天下り」によるインフォーマル「政策ネットワーク」

技術・技能の相互育成

鉄鋼業界内の水平的ネットワーク

- 業界の盟主の存在（八幡→新日鉄）
- 政府との仲介、業界の協調・とりまとめ機関としての業界団体
  （日本鉄鋼連盟、鋼材倶楽部、日本鉄鋼協会など）
- 主要分野を網羅する協調体制
  - 海外製鉄原料の長期契約・共同購入方式
  - 共同研究開発・技術交流・技能交流
  - 各種調整システム
    生産計画、設備投資、販売（価格・数量）
  - 労使交渉

マーケットの相互育成

関連産業・企業との垂直的ネットワーク

- 商社との多角的互恵活動
  - 海外製鉄原料の開発・購入
  - 製品の国内販売・輸出
  - 各種情報のマルチ・チャネル
- 大口ユーザーとの長期継続取引
  - 共同開発
  - 「ひも付き」契約
- 下請・関連企業とのヒエラルキー連携
  - 管理の階層性
  - フレキシビリティ
- 大学との産学協同
  - 日本鉄鋼協会、日本学術振興会などにおける活発な共同研究
  - 優秀な人材の供給（鉄冶金工学の講座充実）

- 協調と競争のダイナミズム
- 鉄の威信（「鉄は国家なり」）

- 同質化競争の弊害
  過剰な設備能力、採算割れの過剰品質志向
- インフォーマル・カルテルの体質化
- 新規参入障壁
- 企業の自立性の弱さ（国家への依存）

なお、わが「日本型」の捉え方には、普遍性の含意よりもむしろシステム・アプローチの視点が織り込まれている点に特徴がある。すなわち、日本的な特徴（いわゆる「特殊性」および「普遍性」）を有する経営の各要素がシステムとしてどのように統合されているか、その統合の様式と機能にみる日本特有のシステム的な特徴と課題を「日本型」と捉えたのである。そして、個々の要素に内在する普遍性を引き出し有効に機能させるシステムとは何かを問いかけたのである。

　それは、「日本型」とは何かを、新たな視点から捉え直したものといえよう。
　上記の3部作（十名［1993.4］［1996.4］［1996.9］）は、1990年代半ばに出版した。40歳代後半のことで、鉄鋼マンから大学教員に転身して数年以内ことである。いずれの本にも、現代産業と経営にどのようにアプローチし、その全体像と本質をシステム的な視点からどのように把握するかという問題意識が貫かれている。個別産業論であるが、個別産業からみた社会経済システム論でもある。

　それらは、産業システム・アプローチとみなすことができる。企業内の諸関係にとどまらず、業界内さらには他産業にまたがる企業間関係、行政との関係などを含めて、産業システムとして統合的に捉え、日本型システムとしての本質的な特徴と課題をえぐり出そうとしたものである。

　十名［1993.4］［1996.4］は、経営のありようと働き様、労使関係、そして企業間関係、いわゆる企業内および社会的バックアップシステムに焦点をあてたものである。十名［1993.4］は、日本的な労使関係と働き方にみる無限定性を、企業にとってのフレキシビリティ、労働者にとってのリジディティの両面性からなる、「日本型フレキシビリティ」と捉えた。

　十名［1996.4］『日本型鉄鋼システム』は、鉄鋼産業において先駆的にみられた日本的労使関係と働き方の形成史に焦点をあて、それを軸とする鉄鋼産業論として提示している。いわば鉄鋼産業への文化的アプローチとみることができる。

　一方、十名［1996.9］は、日本鉄鋼業の生産システムに焦点を絞り、資源、技術、技能、労働などの主要な各要素をシステム的に捉えたものと位置づけることができる。主として機能的アプローチに基づくものといえよう。

2. 第三者視点による陶磁器産業論
──「型」論による個別産業分析

2.1 研究対象の転換と「型」論の視点

1 ▶ 個別産業分析における対象と手法の転換

　製鉄所時代の研究とそれを総括した3冊の本が対象としたのは、資本集約型の大企業体制、海外資源と輸出に依拠したグローバル産業である。中小企業および地域への視座は弱く、ほぼ抜け落ちているといえる。また、21年間にわたる製鉄所での働き様、生きざまをベースにするも、それを第1次資料として使うことが立場上難しく、(企業や業界、調査研究などの公表した)第2次資料に基づくという限界もはらんでいた。

　こうした限界を超えようと試みたのが、十名［2008.4］『現代産業に生きる技──「型」と創造のダイナミズム』である[*25]。地域密着型の中小企業、等身大の産業を対象にし、見学・聞き取り調査に基づく第1次資料を主体に、文化的アプローチも含めて考察した。そうした研究対象およびアプローチの大きな転換は、上記の課題意識に加えて、現場(すなわち筆者の働き学び研究する現場)のシフトが促したものでもあった。

　なお、十名［2008.4］の理論的な核となり導きの糸となったのが、十名［2007.10］[*26]である。そこでは、「型」の定義に基づき、「型」産業として瀬戸ノベルティを捉え直し、他の地場産業モデルとの比較をふまえ、現代産業論の視点から普遍化を図っている。

　十名［2007.10］を軸にして、それまでの調査研究成果を編集し体系化したのが、十名［2008.4］にほかならない。

2 ▶ 地域密着側産業・経営へのシステム・アプローチ
──大学・地域から捉え直す

　1990年代後半、赴任先に近在する地場産業・中小企業研究へとシフトし、10年余の試行錯誤を経て1冊の本にまとめた。瀬戸の陶磁器産業(瀬戸ノベル

ティ）をモデルに「型」産業論（技術と文化）の視点からまとめたものである。

　鉄鋼メーカーから大学に転じた勤務先の所在地（愛知県瀬戸市）は、かつて陶都とも呼ばれ、陶磁器を中心とする地場産業が盛んなまちであった。その中心をなしてきたのが、労働集約型の輸出産業ゆえに超円高で衰退の著しいノベルティ（磁器製の置物・玩具）であった。

　鉄鋼産業論の本2冊（十名［1996.4］［1996.9］）を出版して鉄鋼産業研究の区切りを付けた頃から、瀬戸ノベルティという地場産業の調査研究の深みにはまっていく。地域資源（陶土など）をベースとする域内分業ネットワークの中小企業論であり、デザイン・原型製作・絵付けなど職人的な技能と芸術文化が渾然と融合し、地域に息づく等身大の産業であり、典型的な「型」産業である。

　それはまさに、鉄鋼産業とは対照的な世界として目に映った。この新たな鉱脈に、経営者や職人、市民から聞き取り調査を行うという新たなやり方で研究を進めた。それは、鉄鋼マン時代の鉄鋼産業研究ではなかなかできなかった手法である。そこで得た研究成果は、その都度、抜き刷りや冊子にして調査先や関係者（企業・行政・マスコミ）などにもお返しした。

　各研究成果については、「型」産業論および技術と芸術の融合を軸とする産業融合論の視点から体系化し、現代産業論として編集し本にしたのが、十名［2008.4］である。

　ここで、なぜ鉄鋼産業研究から陶磁器産業研究へとシフトしたのか、が問われよう。筆者の鉄鋼産業研究は、製鉄所での仕事と交流を通して自らの五感でつかんだ問題意識や視点を、内外の文献や資料と切り結びつつ、考察を深めていくというスタイルであった。それゆえ、鉄鋼マンから大学に転じると、それまでの製鉄所現場の臨場感は望むべくもなく、まさに「陸に上がった河童」の如き存在と感じていた。数年間のうちに、それまでの蓄積と思いを3冊の本に吐き出してしまうと、出版への反省とも相まってもぬけの殻の如き放心状態に苛まれつつ、新たな研究へのスタイルを模索する。

　赴任先の陶磁器産業、とりわけ瀬戸の最大産業であったノベルティが、新たな研究への手がかりとなる。まさに、現場研究の対象を身近に見出したのである。

　それは、それまでの高炉メーカー主導のグローバル産業・大企業体制研究

から、地域密着型産業・中小企業研究へと、自らの研究スタイルを大きくシフトさせることに他ならなかった。そのためか、個別の論文は書けても、それらを体系的に編集するオリジナルな視点と手法がなかなか見出せない。新たなスタイルへの着地は、難渋をきわめた。

打開の糸口になったのが、「型」論への社会科学的アプローチである。

3 ▶「型」産業論への新たなアプローチ

「型」とは何かを社会科学的に定義したのは、十名［2008.4］である。産業活動と芸術・文化、有形と無形にまたがる包括的な定義は、本邦初の試みとみられる。

十名［2008.4］は、柳宗悦をはじめジョン・ラスキンやウィリアム・モリス、マイケル・ポランニーなどの古典に立ち返り、「型」概念を技術と文化の視点から再構成し、「型」理論を媒介にして現代産業論の新たな視点を提示する。それを検証するモデルとして、瀬戸の陶磁器産業とくに瀬戸ノベルティ（磁器製の置物・玩具）をとり上げた。

瀬戸の陶磁器産業の過半を占めたノベルティ（陶磁器製の置物・玩具）は、デザインと原型、絵付けが殊のほか重要で、まさに「装飾芸術」の産業である。わがアプローチは、近代デザイン論の元祖とわれるウィリアム・モリスの「装飾芸術」論と共鳴する点も少なくない。モリスは、近代における小芸術（装飾芸術）と大芸術の分離によって、生産活動における小芸術は貧弱になり、生産・販売・消費における喜びも失われたとして、小芸術の復興による労働と生活の芸術化を提唱した。

そこで、機能性と芸術性の結合というモリスの視点、無形の型にも言及する柳宗悦の工芸論などをふまえ、独自の「型」論を導き出し、「型」産業論へと発展させたものである[*27]。

ただし、「型」産業論となると、有形の「型」を内包する生産システムにとどまらず、「範疇＝型」（いわば無形の型）として、社会経済的な特徴を捉え直す必要がある。「型」が技術的・文化的に重要な役割を担う瀬戸の陶磁器産業をモデルに、独自な「型」産業論として編集したのが、十名［2008.4］である。

4 ▶ 個別産業論としての展開──複眼的なアプローチ

　個別産業論としては、鉄鋼産業論（十名［1996.4］［1996.9］）および陶磁器産業論（十名［2008.4］）の3冊にほぼ集約される。いずれも、個別産業論でありながら、そこにとどまらず統合型産業論としての一面を内包しているとみることができる。

　鉄鋼産業論は、日本型フレキシビリティ視点（十名［1993.4］）からのシステム・アプローチに基づきまとめたものであり、その後の産業システム・アプローチの原点となっている。

　陶磁器産業論は、「型」論の視点から瀬戸ノベルティ産業にアプローチし、それまでの資源・技術・技能に加えて芸術・文化の視点を織り込み、より包括的な視点から捉え直したものである。

　有形の「型」を内包する生産システムという点は、鉄鋼、陶磁器のいずれにも共通する。「型」産業としての把握は、統合型産業論への道を切り拓くものといえる。「型」はシステムの一部でもあり、システム・アプローチにもつながっている。

　鉄鋼産業とくに高炉メーカーは、海外資源と技術導入、製品輸出、現地生産などグローバルな巨大企業である。一方、瀬戸ノベルティは、中小企業の分業ネットワークから成り立つ労働集約型の産業である。かつては、デザインと技術の導入、製品輸出に特化するなどグローバル産業であったが、円高によって頓挫し、地域密着型産業としての活路を模索する。

　それゆえ、鉄鋼産業研究から陶磁器産業研究へのシフトは、グローバル産業・大企業論から地域密着型産業・中小企業論へのシフトを意味する。それはまた、資源・技術・技能・労働主体の視点から「型」・文化・地域を包括した視点へのシフトに他ならない。

　大企業・グローバル産業と中小企業・地域密着型産業を比較分析し、「型」産業として捉え直すことにより、「産業」を新たな視点から捉え直すに至る。産業は、「人間の社会生活全体を維持・発展させるために必要な財貨・サービスを生産する活動であり、…ものやサービスの生産・供給機能だけでなく、そこで培われた多様なノウハウ・文化の塊でもある」と捉えたのである。

　産業を複眼的な視点から捉え直し独自に定義することにより、現代産業論と

しての体系化へ道を切り拓いたといえる。

5 ▶ 統合型産業論としてのものづくり経済学・産業システム論

「型」論の視点からものづくりに光をあて、ものづくり経済学として初めて理論化したのが、十名［2010.12］である。

それをベースにして、まちづくり・ひとづくりへと視野を広げ、ひと・まち・ものづくりを有機的につなげた産業システム論として打ち出したのが、十名［2012.7］『ひと・まち・ものづくりの経済学』である。

十名［2012.7］では、「型」とシステムとの関係にメスを入れ、高度システム社会における「型」アプローチの重要性を明らかにした。

型は、システムの一部、いわば「等身大」のシステムとして捉えることができる。システム化は、不断の階層化・複雑化・技能離れ（いわば人間離れ）を促す。型のあり方とは、対照性をなすものである。型は、不断の凝縮化・シンプル化を促し、それを通して生き残る。複雑化するシステムを、等身大（人間の五感と洞察力）で捉え直し、制御する。ここに、「型」論の21世紀的意味がある。

6 ▶「型」産業としての共通性──陶磁器産業と鉄鋼産業

振り返れば、陶磁器産業のみならず、鉄鋼産業そのものが（巨大な）「型」産業に他ならない。わが鉄鋼産業研究（十名［1993.4］［1996.4］［1996.9］）が「日本型システム」への「型」アプローチになったのも、産業的特性と時代的要請との共鳴のなせる仕業といえるかもしれない。それまでの鉄鋼産業研究への反省と新たな模索のなか、陶磁器産業という等身大のモデルに出会い、「型」産業論として再発見したものといえよう。

2.2 現代産業論への「技術と文化」アプローチ

1 ▶ 現代産業への新たな視点[*28]

あらゆる産業が創造的産業の特性を帯び、芸術性・文化性の色合いを深めてきている。先進産業のみならず、伝統産業や衰退産業も然りである。

筆者が数年間フィールド調査をした瀬戸ノベルティ産業も、その格好のモデ

ルとみられる。陶磁器製の置物・玩具を製造・販売（ほとんど対米輸出）し、高度かつ多彩な技術と文化を育んできた瀬戸ノベルティは、衰退の著しい伝統的な地場産業である。これをどのように分析し再生の手がかりを見出すか。それは思いのほか難題で、ミクロ的な視点にとどまっていては展望が開けない。

　そこで、現代産業論の大きな流れを把握し、その文脈の中に瀬戸ノベルティ産業論を位置づける。第1～3次産業の量的変化に着目したコーリン・クラークの産業論は工業化の中で生み出されたが、情報化さらには芸術文化創造の波は、新たな視点から捉え直すことを現代産業論に迫っている。ウィリアム・モリスは機能性と芸術性の融合という視点から産業の質的変化、ソフト化を捉える視点を切り開いた。

　コーリン・クラークやウィリアム・モリスの産業論をふまえつつも、生活様式の変化がもたらす産業進化への創造的対応、さらには「型」理論をふまえた伝統と創造のダイナミズムという視点から、彼らの視点を超えた現代産業論を構想する。

　技術と文化をコアにして多様に紡がれる伝統と創造のダイナミズムという視点から、現代産業の大きな流れをつかみ直す。そのモデルの1つとして瀬戸ノベルティを位置づけ、これまでのミクロ次元の調査研究を再構成する。

　伝統は、固執するだけでは長期間にわたって守りきれるものではない。時代の変化に対応した絶えざる工夫と革新があって、はじめて継承が可能になる。伝統の継承には創造が不可欠であり、むしろ創造を促し持続可能なものにする仕組みづくりが求められる。

　その要に位置するのが、「型」である。サステイナブルな創造性を汲み出す文化装置あるいは文化的インフラストラクチュアとしての「型」に注目する。産業と文化、技術と文化の融合が進む今日、伝統を創造的に活かすキーとして文化が重要性を高めており、芸術・文化の創造性が注目されるに至っている。

　「型」論をふまえての、技術と文化をコアとする伝統と創造のダイナミズムという視点から、現代産業の本質的な流れとその特徴に光をあてる。

2 ▶ 現代産業論の3つの視点とものづくり

　現代産業の大きな流れを、伝統と創造の視点さらには技術と文化の視点か

ら複眼的に俯瞰する。伝統・衰退産業の再生モデルでは、技術や制度が変化し、伝統がそのままでは維持できなくなる中、伝統がはらむ潜在的価値を再評価し、需要や技術などにみる新しい要素と結びつけ、創造へと転化させる道筋を明らかにする。

　それらをふまえ現代産業論としての3つの視点を提示する。第1は生活様式の変化から起こってくる産業進化への創造的対応という視点である。第2は芸術性に富む必需品が発展してくるという産業進化の視点であり、第3は分散した地域の諸資源を芸術的設計に基づきコーディネートして産業が成り立つという視点である。

3 ▶「型」の技術と文化

　次に、生産現場から上記の流れを深く捉え直す。ものづくりの場における芸術のあり方、それを担う職人という視点から、より広い産業で進行しつつある本質的な変化とその現代的特徴にメスを入れる。変化のキーワードは、伝統と創造そして融合化であり、それらの要に「型」理論を位置づける。

　日本には芸能、武芸、職人の技などを「型」に凝縮しシンプル化・システム化するという深い伝統がある。これは、欧米などではあまり見られないもので、まさに日本固有の伝統として注目される。型には技術や技能、ノウハウなどが系統的に集約されている。また、東洋や西洋の文化や技術が創意的に融合したものと見ることも出来る。

　型は、パターナリズムという弊害とともに、「型から入る」という言葉にも見られるように大衆的な学びの手引きとなり、また「守・破・離」の格言にもあるように創造性を引き出すインフラとしての側面もある。

　それは、「図表2　習得（稽古）のダイナミズム」にみるように、型としての技芸（わざ）を学ぶ習得のプロセスにも通ずることである。技芸の習得（「守」）をめざすうちに、やがて意識的な操作にとどまることなく、無心にこなすこと（「破」）が必要になる。さらに、無心を越えた一歩先、いわば無心の境地を残しつつ同時に何らかの「はからい」を働かせる「二重の見」の境地（「離」）へと進んでいく。

　型は、大衆的な創造性を持続的に引き出す文化的インフラストラクチュアと

図表2 習得（稽古）のダイナミズム

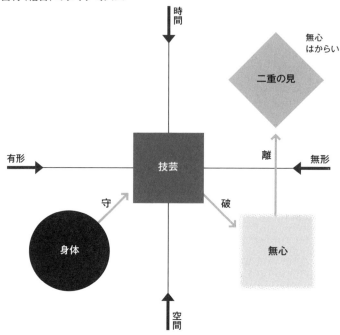

注：習得のプロセスとダイナミズムを、時間・空間を縦軸、有形・無形を横軸にして、図式化した。
（西平直『世阿弥の稽古哲学』P36, 41他に基づく）

捉えることができるのである。

「型」は、文化であるとともに、技術でもある。生産の場では、型は原型とも呼ばれ特別の重要性をもつ。金型をはじめ木型、石膏型、砂型、プラスチック型、樹脂型など多様なものがあり、そこには設計情報やノウハウなどが凝縮している。原型にはオリジナルな基幹技術という意味があり、原型創出は現代産業における競争力の根幹に位置する。

4 ▶ 技術と文化、機能性と芸術性の融合

生産現場では、技術と技能の融合にとどまらず、機能性と芸術性の結合が深く進行しつつある。それは、技術と文化の融合とみることもできよう。

ここで、文化とは何か、が問われよう。英語のculture、独語のkulturは、と

もに文化と訳されるが、含まれる意味合いは微妙に異なる。独語のkulturには物質文明に対する精神文化という意味合いがある。一方、英語のcultureは人々の生活様式（way of life）と定義される*29。日本語で文化というとき、両方の意味が混在し、便宜的に使い分けられている場合が少なくない。

　本書では文化を、人々の生活様式（way of life）として、すなわち働き様や生きざま、いわばライフスタイルや働き方として、捉える。文化には、芸術・芸能・学問などの精神文化、より広く価値観・制度なども含まれる。

　文化が現代産業と深く関わるようになり、創造性をコアとする創造型産業が従来型産業を変革し、産業融合の推進力になる。その本質的な流れと意味を、ITと規制緩和が促す（技術・制度主導型）産業融合論との比較視点から深める。

　こうした視点から衰退・伝統産業の再生にも生かす試みは、国際的な広がりを見せてきている。産業文化の視点をふまえ、衰退・伝統産業を地域固有の文化資源として捉え直し、活用と革新の工夫を促すという伝統と創造のダイナミズムが芽を出しつつある。

5 ▶ 瀬戸ノベルティ産業の発展・衰退プロセスに学ぶ再生への視点

　十名［2008.4］は、デザインと型の産業モデルとしての特性を有する瀬戸ノベルティ産業に焦点をあて、技術と文化の視点からヒアリング調査をふまえてまとめたものである。

　瀬戸の中小企業の経営者や技術者・職人たちが、西洋の技術・文化とどのように向き合い、自らの技術・技能や職人文化を生み出したか。彼らの働き様や生きざま、技術・技能などを産業文化として描き出している。

　熟練に裏打ちされ、美しく、機能的にも優れているにもかかわらず、どうして衰退産業あるいは廃業に陥るのかが問われねばなるまい。

　それに応えるには、瀬戸ノベルティ産業にみる生成・発展・衰退のプロセスをみておかねばなるまい。

　第1次大戦期にドイツのマイセンから米国への輸出が途絶える中、その代役として瀬戸でつくられ輸出されるようになったのが発端である。中小企業中心の多様な分業ネットワークに支えられて、第2次大戦後は輸出の主役となり、

日本最大の陶磁器生産地だった瀬戸において製品出荷額の3〜4割を占めた。洋風の香りと深みある職人文化の彩をもたらすなど、陶磁器産業の華であった。米国をはじめ88か国に輸出され、きめ細やかな型や絵付けは海外でも人気を博した。

しかし、輸出に特化した典型的な労働集約型産業としての瀬戸ノベルティは、1980年代後半以降の超円高によって、急速な衰退を余儀なくされる。

むしろ衰退の本質的要因は、米国のバイヤーからの注文に依存し、市場開拓やブランドづくりに本腰を入れなかったことにあるとみられる。簡単なスケッチのような注文を膨らまし立体化するも、自らデザインすることは少なく、ブランド化するには至らなかった。1980年代にはブランド化にチャレンジする企業もいくつかみられたが、ブランドを確立する直前に、超円高の荒波にのみ込まれて、一気に衰退へと転じたのである。

すなわち次の3点が、衰退を余儀なくされた要因としてあげられる。

第1に、バイヤー任せで海外市場の動向をつかめなかったこと。第2に、自社の技術やデザインなどへの誇りが低く（自己卑下）、ブランド志向が弱かったこと。第3に、企業間の牽制や足の引っ張り合いが強く、地域をあげてブランドをつくっていくというリーダーや気運を生み出せなかったこと。

「陶都」という名前に安住し、ものづくり文化をまちづくりに生かしていくという独自な政策と戦略も弱かった。ひとづくり・まちづくり・ものづくりの3者が、バラバラな状態で終始したといえる。有機的につなげていくことができず、業界さらには地域をあげての処方箋も見いだせないまま、陶磁器産業の急速な衰退、地域の苦境へとつながっていく。その苦い教訓は、むしろ三位一体論の重要性を浮かび上がらせている。

その教訓を生かすべく、瀬戸ノベルティ文化の再生とまちづくりを有機的につなげる創意的な活動もみられる。

その1つが、瀬戸ノベルティ文化保存研究会（代表：中村儀朋）である。十名［2008.4］の出版を機に発足したもので、そこに集う原型師や絵付け職人、デザイナー、経営者、愛好家、商店主などが、交流を通して理解と自覚を高め、活動の主体になっている。

瀬戸ノベルティ・メーカーの相次ぐ廃業・工場解体に伴い、多くの製品や

「型」、資料が捨てられていく。その受け皿として機能しつつあるのが、同研究会である。埃にまみれたそれらを掘り起こしていくと新たな輝きを帯び、瀬戸ノベルティへの注目が高まり再評価も進んでいる。

「型」には、有形と無形すなわち瀬戸に固有な技術と文化が凝縮している。これまで、無形の価値は軽視され自己卑下されてきた。「型」論は、無形の文化的な価値に光をあて、優れた技術や製品など有形の価値と一体化して提示することにより、技術的な再評価にもつながっていく。

瀬戸ノベルティの再評価は、それを生み出した産業と地域への誇りやアイデンティティへの気づきをも促しつつある。ノベルティの展示や販売など各種企画がいずれも高い注目を集めるなか、行政も少しずつ乗り出すなど、瀬戸のまちづくりの重要なキーワードとして浮上してきている。

2

ものづくり経済学の創造と現代産業論
—— 個別化から普遍化への展開

1. ものづくり経済学と現代産業論へのアプローチ

1.1 個別産業モデルから現代産業論への普遍化の課題

　十名［2008.4］は、「型」論の社会科学的な意義に光をあて、「型」産業の典型をなす陶磁器産業（瀬戸ノベルティ）の体系的な分析をふまえ、技術と芸術の融合を軸とする現代産業論としてまとめたものである。伝統・衰退産業がもつ多様な側面や可能性を、現代産業論の広く深い文脈の中で捉え直した。

　しかし、十名［2008.4］では、調査の対象が一地域・一産業に限定されていた。また実証分析が大半で、理論的な考察は比較的少なかった。それゆえ、モデルとして普遍化するにあたっての制約も少なくなく、理論的にも深めるべき諸課題を抱えていた。

1.2 有形・無形および時間・空間の概念と視点への注目

　有形と無形への視野が拓けたのは、柳宗悦［1942］『工芸文化』[30]によるものである。柳は、有形と無形および時間と空間を軸にして、芸術を分類している。

　有形・無形の分類は、坪内逍遥［1885］『小説神髄』で美術を2つに分類したことに始まるとされる。彼は、有形の美術を絵画、彫刻、織物、銅器、建築などとし、無形の美術を音楽、詩歌、戯曲とした[31]。

　この有形と無形の視点から、「型」を定義したのが十名［2008.4］である。さらに十名［2010.12］では、「型」論を歴史的な視点から捉え直し、「技術」および「ものづくり」の包括的な定義へと展開していく。

　有形と無形の概念は、文化財の分類においてキーをなしている[32]。「有形文化財」が、建造物および美術工芸品といった造形の世界を指すのに対し、「無形文化財」は時間と身体を基礎とする人間の技に注目する。

　日本で文化財保護法がつくられたのは、1950年のことである。無形文化財

図表3 芸術の分類

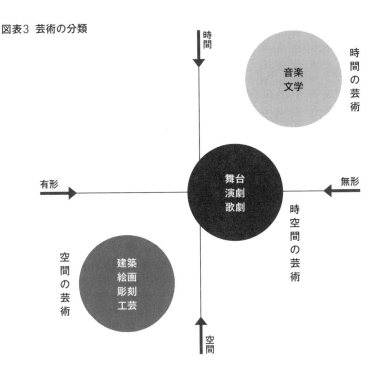

注：芸術の3分類を、時間・空間を縦軸、有形・無形を横軸にして、図式化した。
（柳宗悦『工業文化』P21～29に基づく）

の保全にも、大きな役割を担ってきた。国際レベルの無形文化財保護条約が発効したのは2006年のことで、日本の先駆性が注目される。

　文化経済学においても、有形と無形の区分は重要な位置を占め、無形が重視される。無形のものは、その根底的な状態において身体と結びついているとし、個人の心や身体の長期的な気質・性質のようなもの、集団によって共有されている観念や慣習、信念や価値などを例にあげている[*33]。

　なお、有形と無形の視点は、時間と空間の視点と密接に結びついている。柳の芸術分類を、時間・空間を縦軸、無形・有形を横軸にして図式化したのが、「図表3　芸術の分類」である。

　建築・絵画・彫刻・工芸などの「空間の芸術」は、現実空間に存在する有形のものであり、瞬間的に消えゆくものではなく時間的にも安定して存在する。

一方、舞台・演劇・歌劇などの「時空間の芸術」は3次元の現実空間においてなされるも、瞬間的に消えゆくものである。さらに音楽・文学などの「時間の芸術」は、音という無形の世界であり、瞬間的に消えゆくものである。図表3は、これら3者の相互関係を、縦軸・横軸のなかで配置したものである。

時間は、出来事や変化を認識するための基礎的な概念であり、空間とともに人間の認識の基礎をなしている。自然科学、芸術、哲学、心理学などにおいても主要なテーマの1つとされてきた。ニュートンは、この宇宙の時空は絶対的なもの（「絶対時間と絶対空間」）であるとした。その時空では、空間は物理現象が起きる入れ物である3次元ユークリッド空間で、時間はそれとは独立した宇宙のどこでも一様に刻まれる。この宇宙観は、アインシュタインの相対性理論により一変した。相対性理論以降は、時間（1次元）と空間（3次元）を統合した時空（4次元）概念を基礎として物理法則を記述するようになった。基本的な物理法則はすべて時間対象であるため、それらによっては時間の向き（「時間の矢」）は定義できないとされる[34]。

時間と空間は、ニュートン力学では独立したものとみなされるが、相対性理論では一体のものと捉える。五感のレベルでは、ニュートン力学の見方が腑に落ちるも、五感を超えたより広い次元からみると一体のものと捉えることができる、という関係にあるとみられる。

時間と空間にみる「瞬間」と「定常」の状態も、同じように捉えることができる。五感のレベルでは定常とみられるものも、人類史さらには地球史の次元からみると瞬間にしかすぎない。「瞬間」と「定常」は連続体の一部であり、相対的なものとみることもできる。

鴨長明の「ゆく川の流れは絶えずして、しかももとの水にはあらず」（『方丈記』）も、示唆に富む記述といえよう。「定常」の中に、「無常」すなわち「瞬間性」を、五感を研ぎ澄まして見出したものとみられる。

現実社会に生きるうえでは、五感レベルで区別することが重要となる。「瞬間」と「定常」の状態も、上記の次元からの区別とみられる。芸術や社会科学における「有形」と「無形」の区別も、同じような視点から捉えることができるとみられる。

図表3における縦軸の「時間」矢印は、物理学で議論されてきた「時間の

矢」ではない。「時間」の（下向き）矢印は、瞬間性から定常性へ、すなわち瞬間的に消えやすい状態から安定した状態への方向を示すものである。一方、空間の（上向き）矢印は、定常性から瞬間性、すなわち定常的に存在する状態から瞬間的に消えやすい状態への方向を示す。

なお中央の交差点近辺は、時間（1次元）と空間（3次元）が不安定ながらも融合する状態にある。舞台・演劇・歌劇などの「時空間の芸術」は、3次元の現実空間においてなされるも瞬間的に消えゆく無形のものであるゆえ、「無形」寄りの交差点近辺に配置している。

1.3 「型」論の創造的展開──体系化への道を拓く

十名［2010.12］は、十名［2008.4］の独自な「型」論をふまえ、「型」論をめぐる重厚な先行研究にアプローチする。

「型」をどう位置づけるかは、西平直［2009］が興味深い。世阿弥の「型」論に沿って、「理念」と「形」の中間項として「型」を位置づけている[*35]。それを、時間・空間を縦軸、無形・有形を横軸にして捉え直したのが、「図表4「型」の位置づけ」である。

先行研究をふまえての考察を、ものづくりと技術の世界に取り入れ、「有形の型」論および人間発達論を新たに織り込む。そして、より包括的な視点から捉え直すことによって、ものづくり経済学への深い示唆を汲み出そうとする。

「型」論は、技術論にも深い示唆を与えている。すなわち、流れ（すなわち過程）の中で、文化・倫理との関係を視野に入れ、時間と空間、有形と無形の視点を織り込み、生産のみならず消費を含めて捉える、ということである。

その示唆は、より包括的な視点から技術を捉え直すことを可能にした。そして技術を、「何かをつくりだし享受する手段や方法あるいはその体系」として定義するに至る。

有形と無形の「型」の考察は、「ものづくり」を理論的・歴史的に深めていく手がかりともなる。そして、ものづくり経済学として体系化する道を切り開いたのである。

さらに、分離・分化から再結合・融合化へという視点から、工場と産業の発

図表4　「型」の位置づけ

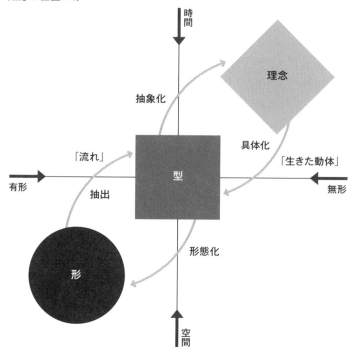

注：型を、時間・空間を縦軸、有形・無形を横軸にして、図式化した。
（西平直『世阿弥の稽古哲学』P108 ～ 109に基づく）

展・変容のプロセスを過去・現在・未来にまたがり巨視的に捉えることを通して、環境文化革命の視点を浮かび上がらせる。そして、生命地域産業を軸とする「森と海の環境国家」創造へとつなげた。

1.4 ものづくり経済学と現代産業論への視座

1 ▶ 現代産業論としての新たな展開

　十名［2010.12］の基本視点の多くは、十名［2012.7］に引き継がれ、そのベースにもなっていて、さらなる洗練化と展開へとつながっている。

　十名［2012.7］[*36]は、「産業」を捉え直し、現代産業論としての新たな展開を

図ったものである。産業とは、ものやサービスを生産するための活動であるが、それだけではない。そうした活動にかかわる人々が職場や生活の場で織りなす働き様や生きざま、そこに築かれたノウハウや生活文化の総体（すなわち産業文化）である。むしろ、両者を包括して捉えることにより、より現実に根ざした奥深い現代産業の実像が浮かび上がってくる。

そのような現代産業論の視点から、「型」論をさらに深化・発展させ、ものづくりからまちづくり、ひとづくりへと視野を広げ、見学調査および実践を通して検証を重ねた。そのプロセスから紡ぎだされたのが、現場に根ざしたオリジナルな体系としての、ひと・まち・ものづくりの経済学である。

2 ▶ 十名［2012.7］にみる3つのねらい

1つは、十名［2008］の検証と創造的発展である。すなわち、「型」論の視点から提示した新たな産業・企業・地域論の検証を行いつつ、ものづくりを軸にして、まちづくり、ひとづくりへと視野を広げ、創造的に深化・発展を図ったことである。

2つは、システム・イノベーションに向けて、ものづくりを広義の視点から捉え直したことである。すなわち、ものづくりの本質に立ち返り、より深く広い視野から捉え直すことによって、社会、技術、文化にまたがるものづくり、さらには日本型システムのイノベーションを企図したことである。

3つは、ものづくりを、まちづくり・ひとづくりと有機的につなげ、三位一体のシステムとして捉え直したことである。

3 ▶ 2つの基本視点

上記のねらいを、より踏み込んで捉えたのが、次の2つの基本視点である。

第1は、本質に立ち返り、より深く広い視点から捉え直すべく、型、科学、技術、技能、労働、生産、産業、ものづくり、システム、現場、工場、まちづくり、ひとづくり、人間発達などのキーワードを、定義し直したことである。

第2は、各キーワードについては、対照的な視点から複眼的・包括的に捉え直したことである。例えば、システム・アプローチについては機能的アプローチと文化的アプローチ、ものづくりについては機能的価値（実用性・利便性）と文

化的価値（芸術性、信頼性）、科学・技術・産業・地域などについては分離・分化と再結合・融合化など、対照的な視点から複眼的に捉えている。

4▶ システム・アプローチの洗練化

システム・アプローチについては、1990年代に「日本型フレキシビリティ」視点から提示したが、その論理化と新たな展開を図っている。(十名[2008.4]にて提示した)「分離・分化から再結合・融合化へ」の視点から、キーワードを定義し直した上で、ひとづくり・まちづくり・ものづくり、現地・現場・現物（まち・ひと・もの）、働・学・研（働きつつ学び研究する）、山・平野・海（川を軸につながる）など、いずれも三位一体的なシステムとして捉え直した。

2. ものづくり経済学の基本概念

2.1「型」とは何か

1▶「型」論が担う現代的意味

今日の社会は、高度システム社会ともいわれる。システム化が進むにつれ、部分システムを内部に抱え込むことにより、階層構造は際限なく伸びる。こうして、技術が対象とするシステムは複雑さを増し、見えない部分の比重が増す。直観が効かなくなる分、論理・数理の比重が高まる。

近年、「見える化」がよく掲げられるが、それほどに技術は見えなくなっているともいえる。「見える化」を担うバーチャルの役割も重要性を増している。

リアルな全体像を取り戻すには、再結合を促す何らかの媒介・関係性が不可欠で、それを担うものの1つとして「型」をあげることができる。

何ゆえ、「型」を媒介にして全体の再構成が可能なのか。シンプル化を本質とする「型」は、伝統と習慣の下、暗黙裡に継承されてきた共有物が、洗練化された表現でもって姿を現すからである。近代文明がバラバラにした総合的な営みを、物質的・精神的なものも含め、伝統と習慣の中から一定の形あるもの

として再評価し再生しようとするもの、それが「型」にほかならない。

　型は、システムの一部いわば等身大のシステムとして捉えることもできる。システムは、階層性が増すなかで複雑さや技能（いわば人間）離れも際限なく進む。これに対して型は、本質の凝縮というシンプル化を不断に図ることにより、その全体性とポイントを人間の五感と洞察力でイメージできるレベル、いわば「等身大」*37で保持しようとする。

　ここに、「型」論を再検討する現代的な意義があるといえよう。

2 ▶ 「型」の文化と思想

　いわゆる「型」の文化は、伝統的な芸道・武道から日常生活に至るまで、広く日本社会に浸透している。シンプルな「一定の型」に洗練化し、それを継承・発展させるというスタイルである。そうした「型」文化の原型は、平安時代における仮名（ひらがな・カタカナ）の創造*38にあると筆者は考える。

　仮名の創造は、シンプルを旨とする日本文化とくに「型」文化の源といえよう。仮名を漢字と融合させて表現することにより、文章を書きやすく見やすくし、漢字をより生かしての立体的な理解をも可能にする。そして、学びをより容易にし、また楽しくするなど、庶民の学びを支えてきた。

　それは、先進的な海外技術・文化の吸収と応用を促し、やがて室町時代には能や茶道など日本独自な「型」文化の創造へとつながり、さらに江戸時代の中・後期には民衆の学び欲求の高まりと世界一の識字率、多様な芸術文化を開花させるに至る。

　しかし、「型」を日本文化の重要な特徴として意識するようになったのは、近年のことである。世阿弥は、秘伝とされるものを文字にし、深いオリジナルな思索を文書で残してきた。20編に及ぶ能楽論書を執筆したとされるも、秘伝書として秘蔵されたため、その存在は長きにわたり知られることはなかった。

　600年余の時を経て、その存在が明るみになるのは、1909年（明治41年）刊行の吉田東吾『能楽古典　世阿弥十六部集』においてである。「能楽創始の根本史料」と記されたように、能楽研究の第一級資料として現在に至っている*39。まさに伝書の「再発見」にほかならず、能界・学界の驚きは尋常ではなかったという*40。

「型」論に光があてられるようになったのは、それ以降のことである。とくに、西田哲学によって評価され取り上げられるなか、その是非を含めて議論が活発化し、今日に至っている。西田哲学が世阿弥の「型」論に着目したのは、卓見である。しかし、「心身一如の無の境地」にとどまる限り、現実世界への広がりに欠く。

むしろ、伝統と習慣を象徴化し、シンボル的に表現したものとして、生きた動体として、分離・分化してバラバラになったものを再結合する触媒として、さらには社会科学的な範疇として「型」を捉え直すことが求められている。

3 ▶「型」とは何か

「型」とは何かについては、これまで無形の「型」についてみてきた。無形の「型」は、能楽をはじめとする芸術・芸能さらには哲学などで論じられることは多い。

柳宗悦は、有形と無形および時間と空間を軸にして芸術を分類するとともに、世阿弥らが深めた無形の「型」論を、有形のものづくりの場である伝統工芸すなわち生産の世界に導入し展開した。しかし、有形の型を包括して論じるには至っていない。

有形の「型」については、経済社会での重要な働きにもかかわらず、無形の「型」に比して論じられることが少ない。人文・社会科学のみならず、自然科学の当該分野（工学）でも然りである。ものづくりの現場では、有形の「型」一般は空気の如きものである。金型や石膏型およびその技術などが問われても、「型」とは何かが問われることは稀有とみられる[*41]。

「型」論をめぐる無形論と有形論への分離・分化は、思いのほか深いように感じられる。両者をつなぎ合わせて体系的に捉え直すことができないか。そのような課題に応えたのが、十名［2008.4］である。

有形と無形の両方を包括した「型」を捉えるにあたり、両方の視点を含む『広辞苑』の説明が注目される。

「型」を、「個々のものの形を生ずるもととなるもの、または個々の形から抽象されるもの」と定義し、3つに区分する。「①形を作り出すもとになるもの。鋳型・型紙などの類。②伝統・習慣として決まった形式。③武道・芸能・スポー

ツなどで、規範となる方式」。

①（moldやdie）が「有形」の世界であるのに対し、芸術・文化を担い生活に彩を与える②③（formやway）は「無形」の世界に属するとみられる。

両者（①と②③）は異質な次元のものであるが、統合された定義にはなっていない。また、無形の世界に属する②③についても、その関係は明確ではない。

むしろ、日本語にあっては「型」という1つの言葉に（あいまいながらも）包括されているところに特徴がある。それによって異次元の意味、すなわち無形と有形、さらに技術と芸術・文化が包括・統合され、「型」という言葉に独特の響きと意味合いを醸し出している。このように包括・統合された「型」を表すのは、model（あるいはpattern）がより近いとみられる。

以上の趣旨と視点をふまえ、①②③を包括し統合する概念として、「型」を次のように定義する。

「型」とは、人間の知恵や技を一定の基準（規範）に洗練化した手段や方式およびその意味で、有形と無形からなる。

上記は、有形と無形、技術と文化を包括する視点から、「型」について捉え直し独自に定義したものである。「型」論としては、長い伝統を有する日本においても、これまでにないものとみられる。

2.2 技術とは何か

1 ▶ 技術をどう捉えるか

ものづくりにおいて、技術がもたらす影響、技術が占める比重はきわめて大きなものがある。それでは、技術とは何かが問われよう。

技術とは何か、生産・労働・消費などといかに関係するか、技術はいかに発展するか、などをめぐって、戦前から近年まで多岐にわたる論争がなされてきた。

そうした論争をふまえ、資源浪費と技術跛行の視点からアプローチしたのが、十名［1981］である[*42]。しかし、技術の定義をさらに深く捉え直すまでには至らなかった。

一歩踏み出し、現代的な視点から技術を捉え直すにあたって、「型」論は興味深い示唆を与えている。すなわち、流れ（すなわち過程）の中でつかむこと、創造性と阻害性など文化・倫理との関係を視野に入れること、時間と空間、有形と無形の視点を織り込むこと、生産のみならず消費を含めてつかむことである。

　以上をふまえて、技術を次のように定義する。技術とは、何かをつくりだし享受する手段や方法あるいはその体系である。

　なお、「何か」とは、財・サービスを指す。また、「享受する」とは、つくりだされた財・サービスを「受け入れ味わい楽しむこと」（『広辞苑』）であり、また「何かをつくりだす」という行為（労働）そのものにも内在している（『資本論』第1巻第5章）。そこには、消費の視点のみならず、評価や倫理すなわち社会・文化の視点も織り込まれている。

2 ▶ 技術としての「手段や方法」

　さらに、「手段や方法」とは何かについても明らかにしておきたい。

　「手段」とは、一般的には「目的を達するための具体的なやり方」（『広辞苑』）を指し、広義には「方法」も含まれるが、ここでは各種道具や機械など「有形」のものに限定する。その根幹に位置するのは、労働手段である。

　しかし、技術が社会全般に広がり深まるなか、「手段」をより広義な視点から捉えることが求められている。そこで「手段」を、労働手段のみならず労働対象を含む生産手段、さらには財・サービスを享受（消費）する手段まで包括したものとみなす。それらを使いこなす要領やワザ、知恵など「無形」のものは、「方法」に入る。各種標準（技術標準や作業標準、手引き、取扱説明書など）は「有形化された無形」の方法である。いわゆる「客観的法則性の意識的適用」の仕方も、「方法」に含まれる。

　手段と方法は、切り離しがたく結びついている。両者は表裏一体の関係にあり、方法は手段をその内容としている。しかし、方法そのものが多様に発展し、一般には区別して捉える傾向もみられるのを考慮し、区分して表示したものである。

　それらを使いこなす人間の能力や行為（「無形」なるもの）は「技能」で、客

観的・客体的に対象化された技術とは区別される。広義には、技術に含める捉え方もみられる。

なお、「体系」とは、一般には「各部分を系統的に統一した全体」(『広辞苑』) を指すが、ここでは生産や消費の過程における、手段や方法の「一定の組み合わせ」を意味する。

3▶ 技術と「型」の比較視点

「型」は理念と形の「中間項」「媒介する手段」となるが、技術も目的・構想と人間の「中間項」「媒介する手段」とみることができる。このように「型」と技術は、手段・方式、有形・無形など共通した側面も少なくない。

しかし、「型」には「その意味」すなわち芸術・文化が含まれる点で、技術よりもより広い概念とみなすことができる。ただし、技術の「つくりだし享受する」という点は、評価や倫理すなわち社会・文化の視点も織り込まれており、芸術・文化にも開かれたものといえる。

技術は、工業社会においてものづくりやサービス生産を中心に発展するが、歴史的には巧み・技、アート、テクネーと呼ばれるなど、広義には芸術の意味も含み、自然と協調しながら人間の暮らしを助けてきた。

2.3 「型」とものづくり

1▶ 有形の「型」とものづくり

世阿弥が深めた無形の「型」論を、有形のものづくりの場である伝統工芸すなわち生産の世界に導入し展開したのは、柳宗悦である。

柳によると「型」は、すべての無駄を省いた本質的なもの、多くの経験を経由してろ過された精髄、至りつくしたものであり、いわば (忠順なる帰依を求める) 規範、(則るべき) 律法に他ならない。個人を超えた「型」、法則性によるものが、工芸的なるものの真髄である。「型」は伝統によって支えられるが、伝統は1つの秩序であり法則であるという[*43]。

工芸の世界における柳の「型」論は、職人に体化された「型」、そのコアをなす熟練技能にかかわるもので、いわば無形の「型」論といえる。

しかし、工芸というものづくりの世界では、有形の「型」を抜きにして語ることはできない。有形の「型」をつくって、その形をもの（製品）に写すことを「転写」というが、文明の発祥とともに、人は「型」を使ってきた。

　「型」は今や、現代産業の中に深く根をおろしている。「型」を使うことによって、高度な熟練がなくても同じものが時空間を超えて高精度で速くできるようになった。

　それでは、ものづくりにおける有形の「型」とはなにか。有形の「型」とは、材料の塑性または流動性の性質を利用して材料を成型加工し、形（すなわち製品）をつくりだすもとになるものである。

　有形の「型」には、設計情報や生産ノウハウなどが凝縮している。とりわけ、その基になる「原型」は、「現存生物の根源となる型」の原義もあり、特別の重要性をもつ。「原型」は、現代産業においてはオリジナルな基幹技術を意味し、原型創出は競争力の根幹に位置する。

　なお、一般に形をつくるための「型」、すなわち溶かした材料を注入して成型する「型」は、「鋳型」と呼ばれ、金型をはじめ石膏型、砂型、木型、紙型、樹脂型など多様なものがある。

2 ▶ 無形の「型」とものづくり──3Dプリンター出現の意味

　「型」を使わずに、材料を付着させながらものをつくる新たな造形法として、近年出現の3Dプリンター（3 Dimension Printer）がある。3Dプリンターとは、3次元積層造形装置のことである。

　3Dプリンターに必要な3次元CAD（Computer Aided Design）は、物理的製品の形状から大きさ・質量に至るあらゆる属性をデジタルデータとして把握し、3次元立体として映像化することができるコンピュータ・ソフトである[*44]。

　3Dプリンターは、3次元CADでつくった電子設計図を基に、3次元の製品をつくり出す。つくる方法は、材料の「注入」から「付着」へと変わる[*45]。それを誘導する「型」も、有形から、3次元の電子設計図へ、すなわち無形へと変わるのである。

　3Dプリンターは、有形の「型」を媒介することなく、3次元の電子設計図い

わば無形の「型」から、有形の「もの」を生み出すプロセス技術とみることができる。

　それは、これまでの有形の「型」に加えて、無形の「型」へと広げる新たなものづくり技術にほかならない。

2.4 ものづくりとは何か──自然・人間観とものづくりの本質をふまえて

1 ▶「ものづくり」にみる多様な含意

　「ものづくり」は、「ものつくり」、「物作り」、「もの作り」、「もの造り」、「モノづくり」など、歴史的にみても多様な表記がみられる。

　「物」、「モノ」、「もの」および「作り」、「造り」、「創り」、「つくり」などに込められた意味や思いは、それぞれ微妙に異なるとみられる。それらが、「もの」と「つくり」に、すなわち「ものづくり」へと収斂してきた歴史的な背景、および今日的な意味は何か。それを問い直すことは、「ものづくり」とは何かを新たな視点から深く多面的につかむ上で、重要なカギをなすであろう。

　「ものづくり」は、人間労働の原型をなすものである。人々の協働を通して厳しい自然と向き合い、彼らの潜在能力を引き出し陶冶する。ものづくりは、まさに人間発達と深く関わってきたのである。

　ものづくりといえば、製造業における生産活動がイメージされるなど、工業製品づくりに限定する見方が一般的である。

　「ものづくり＝製造」論の代表、オピニオンリーダーとみられるのが、経済産業省・厚生労働省・文部科学省編『ものづくり白書』（各年版）経済産業調査会、である。別名、「製造基盤白書」であるが、同出版物からはその別名も消えているようである。

　「ものづくり＝製造」論の先駆をなすとみられるのが、森和夫［1995］[*46]である。「モノづくりの中心は製造業の範疇の中にある」とし、農林漁業は「モノづくりの外にある」とみる。

　しかし、かつて「ものつくり（物作り）」という言葉は大地を耕す「農作」を意味し、そこでの「もの」は農産物を指していた。

　辞書を引くと、「ものづくり」の項目はないが、「ものつくり」は出てくる。『広

辞苑』（2008年、第6版）には、「①耕作をすること。農作。また、農夫。」、「②小正月の祝いの行事。餅で農具・農作物・繭玉などの形をつくって飾る。」とある。いずれも、農作に関わるものである。しかも、1955年の初版以降、記述にほとんど変化はない。他の辞書[*47]でも、内容はほぼ同じである。

　なお、「ものつくり」は、「もの」と「つくり」に分けて見ることもできる。『広辞苑』によると、「もの」には「物」「者」「mono（単一の）」があるが、ここでは「物」に限定する。

　「物」は、「形のある物体をはじめとして、存在を感知できる対象」とある。ここでは、「①物体、物品」に限定する。その他にも、「②仏、神など霊妙な作用をもたらす」「③物事」など多様な意味が含まれる。むしろ、②は「サービス」を指す。③の「物事」の「事」は「抽象的に考えられるもの」を意味し、「物」に対する「現象」や「思考・表現の内容」などを指す。

　いずれにしても、「物」さらに「もの」には、歴史的にも多様な意味が込められている。そのことには、留意しておかねばなるまい。

　一方、「つくり」も、多様な意味があるが、「つくる」の名詞形として捉える。「つくる」は、「①こしらえる。くみたてる」「②耕作する。栽培する」「③醸造する」「④かたちづくる」「⑥子をうむ。出産する」「⑧料理する」「⑩育てる。養成する」など多様な意味からなる。「つくる」には、製造（①③④）のみならず、農耕（②）や牧畜（⑥）、さらには「ひとづくり」（⑥⑩）など、多様な意味が含まれている。ここでは、農業、工業に限定し、サービス業と深く関わる「ひとづくり」は対象から外す。

2 ▶ 伝統的な自然・人間観と最新研究の共鳴──ものづくりへの視座

　なお、「もの」を「①物体、物品」に限定するとしても、狭義の「人工物」に限定することは適切ではなかろう。

　「つくる」とは、自然物に手を加えることであるが、その度合いは多様であり、産業（農耕、牧畜、製造など）によって異なる。

　手を加えられた「もの」は、工業製品だけでなく、農林畜産物・水産物にまで及ぶ。人の手が加えられた人工林や土壌、川なども、広義の「もの」として捉えることができる。「生きとし生けるもの」も含めて、「もの」を捉え直すこと

が求められている。

　植物は、キリスト教やイスラム教では生物とすら認められていない。動物が上位で植物は下位に位置すると見なす「生物ピラミッド」が、長いあいだ西洋文化を支配し続けてきた。小説などでは、丘や山脈と同じように動かず、無生物で受動的な風景の一要素として描かれることが多い。「動かない」「感覚をもたない」という偏見は今も根強い[*48]。

　一方、日本文化の基層には、「草木国土悉皆成仏」という自然観・人間観がある[*49]。「草木国土」の「国土」とは、仏教語の「仏国土」のことで、広大な宇宙規模の世界を意味する。「草木国土」すなわち、草木をはじめとする「生きとし生けるもの」すべてに仏性が宿り、成仏できるとみなす[*50]。

　最新科学によって、「草木」の多様な実相に光があてられ、その驚異的な能力と生態が明らかにされてきている。植物は、「五感」を含む20の感覚をもち、予測し、選択し、学習し、記憶する能力をもつ生物である。コミュニケーション能力があり、社会的な生活をおくり、種々の戦略を用いて難題を解決する「知性」をもっているという。植物の権利と尊厳にも光があてられ出しており、その最初の国になったのがスイスである[*51]。

　平安初期に日本で生み出された草木成仏の思想と自然観は、最新科学によって検証され、多様な感覚と能力いわば「知性」をもつ存在として、植物が捉え直され再評価され始めているとみなすことができる。

　植物は、自然と共存する「緑の精密化学工場」ともいわれる。空気中の二酸化炭素と土壌から根によって吸い上げられる無機塩類（窒素塩、硫酸塩、リン酸塩、金属塩などの、いわゆるミネラル）を材料に、太陽からの光エネルギーを利用して、糖やデンプン、アミノ酸、各種の植物成分など多様な有機化合物を自由自在につくり出す。生物が物質をつくるというこの機能、すなわち「光合成」は、化学の力で人工的に物質をつくる「化学合成」に対して、「生合成」とも呼ばれる。

　これらの有機化合物（すなわち「もの」）を、工場や実験室で人工的に（すなわち「化学合成」で）つくろうとすると、多くの溶媒や化学薬品、触媒などを使って、時には高温、高圧の条件下で、たくさんのエネルギーを投入することになり、深刻な環境破壊を伴う。

一方、植物は、地球を汚さず、むしろ環境を浄化しながら有用なものをつくりだす。それはまさに、地球上における最も本源的な「ものづくり」に他ならない。それを担っている植物など光合成生物は、浄化機能と物質生産機能を兼ね備えた理想的な精密化学工場といえる[*52]。

　植物などの光合成生物は、太陽エネルギーを利用して、有用物質の生産や二酸化炭素の循環に貢献し、地球上の生命の根本を支えている。人類は、植物に全面的に支えられているということを自覚し、正しく理解して、敬意を払い上手にお付き合いしていかねばならない。

　自然の奥深さは、今もなお底知れぬものがある。自然の奥底を探ることは、自らの根源を遡ることでもある。日本の仏教には、「冥」なる世界と関わる知恵、すなわち自然の奥の「冥」なるものへの畏れが宿っている。草木自成仏説を初めて論じた安然が「真如」と呼んだものは、他者性の根源にもつながる[*53]。

　人間であっても、多くの部分は了解不可能な他者性を持っており、了解可能な公共性を持つのはごく限られた面に過ぎない。自然もまた同じである。根源、奥底ははかり知れないものがある。それゆえ、自然には、畏れと敬意、節度をもって向き合い、常に根源に遡り、相対的な世界観の中で自然および人間を考えていくべしというものである[*54]。

　それは、最新の自然観、人間観にも共鳴するものとして注目される。

3 ▶ ものづくりの本質と定義

　「草木国土」は現代産業の基盤をなす基本的資源にも深くつながっている。それを「生きとし生けるもの」と捉え、「成仏できる」対象とみなす。そして、自然には畏れと敬意、節度をもって向き合う。

　それは、ものを大切にするという視点、ものづくりを通してものが生かされひとが生かされるという視点にもつながる。ものづくりの本質は、もの・ひとに文化の命を吹き込むことにある。まさに、地球自然と人間社会との共存を図る21世紀型の産業観・資源観、ものづくり観もそこにあるとみられる。

　ものづくりは、「自然」に対する働きかけを通して生活資料を獲得するという物質的生産活動に他ならず、人間生活の基本的条件をなす。産業を区別するのは、自然に対する人間の働きかけの仕方である。すなわち、労働手段、労働

対象およびそこでつくりだされる生産物の違いである。ものづくり産業は、基本的な労働手段によって2大別される。基本的な労働手段が自然に与えられたもので構成されているのが農業的産業であり、人工物によって構成されているのが工業的産業である[*55]。

　農業的産業に含まれる農業、林業、牧畜業、水産業などの主要な労働手段は、土地、海洋、湖沼、河川などである。それらは、労働対象である生物を育成するという機能を有する容器でもある。その主な部分は自然財かそれに多少の加工を施したものであり、その中で進行する自然的過程が生産過程において基本的な重要性を持つ。いわば、「自然の容器」にほかならない。土地の再生産は不可能であり、そこでの労働対象の生産期間は当該生物の生長期間によって基本的に規定されている。人間は、その再生産を自在に制御するに至っていない。

　農業を営むのは、霊長類のなかでは人間のみとみられる。しかし、人間の専売特許というわけでもない。より広く動物に目を向けると、アリもまた植物を栽培し、動物の家畜化を行っている。アリは、人間にもっとも近い農業の先駆者といわれる。アメリカに生息する数十種の互いに近いアリは、農業を営んでいるという[*56]。

　一方、基本的な労働手段が人間労働の生産物によって構成され、その再生産を人間がほぼ完全に制御しているのが、工業的産業である。

　「もの」および「つくる」は、時代とともに変容していく。今や、農業的産業にとどまらず工業的産業をも含む、物質的生産過程における生産物（有形の財）および生産活動へと広がっている。

　工業社会および農業社会における見方をふまえつつ、両社会さらには知識社会をも貫通する視点から、「ものづくり」を捉え直す必要がある[*57]。

　以上の趣旨と視点をふまえ、「ものづくり」を次のように定義する。「ものづくり」とは、人間生活に有用な秩序と形あるものをつくり出すことであり、何をつくるかを構想設計し、形ある（すなわち有形の）「もの」に具体化する営みである。

　なお「ものづくり」の英文表記としては、product-developmentがよりふさわしいのではと考える。

英米ではmanufacturingがよく使われるが、工業社会に特徴的な「製造」や工場の意味合いがあり、今や狭すぎる感が避けがたい。近年、productionもよくみられるが、サービスなどの無形を含む「生産」一般も意味し、広がりすぎる。

　一方、工業製品や農産物にはproduct（s）が広く用いられている。また、「まちづくり」（1970年代に登場し今や広く浸透しているキーワード）には、urban developmentがあてられている。そこで両者の視点と趣旨を織り込めればとの思いを込めて、（「ものづくり」≒）product-developmentと表記する次第である。

3

ものづくりの核心と技能・サービス
——ものづくり経済学の深化・発展

1. ものづくりの核心と多様な見方

1.1 知識社会における「ものづくり」への視座

 ものづくりといえば、直接的な生産現場が思い浮かぶ。製造業の場合、まず工場生産がイメージされるが、より広義の視点から、基礎研究から技術開発、商品開発、調達、製造など関係するプロセス、諸機能を包括したものとして捉える。

 ものづくりは、価値づくりでもある。先進国のものづくりにおいては、機能的価値にとどまらず文化的価値の比重が高まっている。情報社会あるいは知識社会と呼ばれる今日、経済活動において無形の財（「無形資産」など）の比重は急速に高まるなか、主役はものづくりからサービスづくりにシフトしている。

 ものづくりについては、工業製品づくりに限定する見方が根強い一方、ものづくりを限りなく広げて捉える見方もある。

 その先駆をなすとみられるのが、宗像元介［1996］[*58]である。「ホームランを打つ」ことや医療行為も、「柵越えの飛球をつくる」ことや「健康人をつくる」ことで、ものづくりに含まれるという。しかし、「ホームランを打つ」ことは、観客を楽しませることにあり、生産と同時に消費されというサービス労働にほかならない。医療労働は、医療により人をつくるのではなく、健康という価値を付加することにある。それは、ものを移動させることにより付加価値を高めるという運輸労働と共通性があり、共にサービスの範疇に属するとみられる。ものづくりとサービスづくり、有形と無形とは何かが区分して捉えられていない。

 その21世紀版とみられるのが、「ものづくり経営学」を説く藤本隆宏他［2007］[*59]である。「生産とは設計情報の転写である」という視点から、ものづくりを「人工物によって顧客満足を生み出す企業活動の総体」と捉える。「人工物」については、「有形無形を問わず、あらかじめ設計されたものの総称」と定義する。金融商品の開発まで、ものづくりに含まれるという。

 「製品＝人工物＝設計情報＋媒体」として定式化し、媒体が有形か無形かによって、製造とサービスを区別する。

「有形」の媒体とは、人工物の形状や組成に関する設計情報を担う安定した形を持つ媒体であり、「無形」の媒体とは、設計情報を担う物としての形が定まらぬ運動エネルギーや電気・熱・光エネルギーなどとみなす。

　設計情報を顧客まで運ぶ媒体が有形のものならば製造業に近く、無形のエネルギーならサービス業に近い。ものづくりの本質において、製造業とサービス業との間に本質的な差はないという。

　そこには、再考すべき論点がいくつかみられる。「もの」を無形にまで拡大し、また「顧客満足を生み出す企業活動の総体」とみなすことによって、一方ではものづくりを無限定に広げサービス生産などとの区分を曖昧化する。他方では、活動の対象を企業に限定することにより、それ以外の生産者を捨象しかねない。さらに、農業的産業については視野に入っていないとみられるなど、歴史・社会的な視界の狭隘性がみられる。

　ものとサービスの融合化、さらには農業と工業の融合化が進行しつつある今日、企業の役割と位置も、ものづくり（さらには価値づくり）の専らの主体である企業一元化社会から、企業をはじめ多様な主体が担う多元化社会へとシフトしつつある。こうした中にあって、幾つかの社会あるいは生産様式にまたがる歴史貫通的な視点をふまえたものづくりの定義が求められている。

1.2 ものづくりと人間労働の経済学

　ものづくりについては、製造に限定する見方がある一方で、人工物一般にまで拡げる見方もある。対照的であるが、共通点もみられる。ものづくりを、人工的な人間の営みに限定して捉えるという点である。

　そうした捉え方は、どこに問題があり、何ゆえに21世紀の課題に応えることができないのか。経済学の原点に立ち返り、検討する。

　両見解のベースにあるのは、価値を生み出すのは人間の労働であるという考え方（労働価値論）である。それは、アダム・スミスとデヴィッド・リカードに代表される古典派経済学の基本思想でもある。

　しかし、アダム・スミスは、人間の労働だけが価値を生み出すと論じる一方で、農業では自然もまた労働する[*60]とみていた。有限自然から出発したスミスは、

「農業は物質を生産するが、製造業は変形させるに過ぎない」[*61]とし、農業労働こそ最も生産的である、とみなした。

スミスは、具体的な富をうみだすという視点から労働を3つに分けた。①価値をうみだし物質もうみだす農業、②自然を消費し加工するだけの工業労働、③価値をうみだすが単に富を消費するだけのサービス業のような不生産的労働、の3つである。

農業においてだけ自然が働き、工業では自然が働かないとすれば、労働価値論は農業では適用できなくなる。そこで、リカードはスミスに反論し、農業のみならず工業でも自然は「気前よく」働く[*62]、とした。自然の働きが無限であれば、その使用に対して何の代償も支払う必要はなく、自然は考察の対象外となる。

他方で、リカードは一国の有限な自然の上で、外国貿易によって無限の商品を生産し続けることが可能になるとし、(当時のイギリス経済にとって)地球を無限の自然と仮定するのである。いかなる労働も、自然は無限に豊かさを提供してくれるからである。スミスとは逆に、自然を加工する工業こそ経済的に有利だと評価するに至る。

スミスは「有限な自然と有限な商品」をベースに論じたが、リカード以降の経済学（新古典派経済学・マルクス経済学を含む）では「自然は劣化しない無限のもの」を前提としている。

人間労働を投入して地球的資源を加工（すなわち消費）することが生産とみなされ、商品は無限に生産される。生産と消費（の拡大）が本質的課題とされ、物質循環（資源や環境）は非本質的課題に位置づけられている[*63]。化石燃料などの地下資源を無限と仮定することで、地下からの採掘（すなわち消費）を「生産」として逆さまに捉えるのである。

リカード以降の「生産」概念はまさに、経済規模の小さかった（無限地球観の）時代の産物に他ならない。有限な地球的自然とその存続をふまえた経済学仮説の再設計が求められている。

まさに、「劣化する有限な自然」という仮説に基づく、ものづくり経済学、ものづくり理論の創造をも促している。

スミス、リカードを受け継いだ新古典派経済学のアルフレッド・マーシャルは、

「人は物質をつくることはできない」、生産とは「ただ物質に内在する効用」をつくりだすだけとみている[*64]。生産とは何か、ものづくりとは何かを、経済学として問い直す原点も、そこにあるとみられる。

1.3 ものづくりと創造性——人間と自然の働きへの経済学的アプローチ

　ものづくりを人工的な人間の営みに限定する見方は、価値を生み出すのは人間の労働であるという労働価値論にもつながっている。しかし今や、有限な地球という視点から、ものづくりを自然と人間の協働の営みとして捉え直すことが求められている。労働価値論も根底から問われているといえよう。
　労働価値論は、無限の自然を前提に工業的産業における人間労働を対象にして、（リカードにより）一般化されたものである。労働価値論における労働は、複雑労働と単純労働などに区分されるにとどまり、労働が生み出した財は「過去の労働」の塊とみなされる。労働価値論は、マニュアル的な労働を前提にした理論といえる。18世紀後半から19世紀にかけて、工場制手工業から機械制大工業へシフトする中で広がる作業労働（肉体労働）、その同質性に着目した理論である。そこでは、職人的労働さらには精神労働としての質的側面は捨象されている。労働過程は、安定した連続的変化の過程として捉えられている。
　財を、「過去の労働」の塊としてみるだけでなく、働き様の凝縮したものとして、すなわち「型」として凝縮される習慣・伝統とそれを継承しつつ乗り越えようとする創造的な営みとして、文化的に捉え直すのが、固有価値論といえる。
　固有価値論[*65]は、地球的自然の有限性・劣化性を「かけがえのない自然」として意識し、労働価値論が取り上げなかった創造的価値に着目する。いわば、労働価値論を補完・代位する関係にある。創造性概念を組み入れることにより、労働過程や進化の捉え方、枠組を転換させるのである。創造性とは、人間が自然を創造的に生かし、自らをも創造的に変えていくものである。習慣と伝統をふまえ、それを一種の「型」として捉え直し、継承しつつ新たな「型」をつくりだしていく「守・破・離」のプロセスとして捉えることもできる。
　工芸の世界において、人間の労働と自然の働き、そのバランスの妙がうみだす創造性については、柳宗悦の指摘が興味深い。「人間が間接になると、美が

冴える」、「不自由さが美の基礎となりうる」という。素材の制約などの不自由により、人間が思うように働けず「個性」が抑えられるなか、自然が自由に働く余地が出る、というのである[*66]。「無心」のなせる技といえるかもしれない。自然の創造性を、人間が引き出すことができるとみている。

　マルクスは『経済学批判要綱（第Ⅲ分冊）』において、富の創造と時間のあり方について未来像にまで立ち入った考察を行っている[*67]。富の尺度すなわち創造の源泉は、生産力が高まって必要労働時間の短縮が進んでいくと、労働時間から自由時間へシフトする。そのシフトは、享受能力の高まりを媒介にするもので、量から質へのシフトを意味する。それはまた、労働時間で測る「労働価値」から固有性・創造性に基づく「固有価値」へのシフトに他ならない。固有価値は、ものやひとの潜在価値、その潜在能力の顕在化と深くかかわる価値でもある。

　ここに、自由時間と固有価値を媒介にしてラスキン、モリスとマルクスの共有領域を見出すことができる。また、分離・分化と再結合・融合化の視点は、『資本論』に貫かれているが、実用性と芸術性の分離と再結合などに注目するラスキンとモリスの基調ともなっており、まさに共有領域といえる。

1.4　ものづくりの核心は何か──「設計」と「転写」を問い直す

　ものづくりの核心は、「もの」というよりは設計にある、との見方[*68]についても、検討を要する。ものづくりの核心は設計にあり、生産は設計情報の転写であるとの視点は、まさに情報社会に特有の捉え方といえる。

　しかし、「設計情報の転写」には、設計に基づくマニュアル的なものづくりというイメージがぬぐえない。設計には精神労働、転写にはマニュアル労働（いわゆる肉体労働）が想定される。そこには、素材や労働手段、仕事仲間など作業環境との擦り合わせを行う職人的労働や創意工夫などがみえてこない。

　「設計情報」は「何をつくるか」がメインをなすとみられるが、「転写」は「どのようにつくるか」の一形態に過ぎない。たとえば、「図表5　陶磁器（ノベルティ）の生産工程」をみると、「転写」はその一部でありしかも技法の１つに過ぎない。すなわち「転写」は、（本焼成した素地上に彩色加飾する）⑮上絵付におい

図表5 陶磁器（ノベルティ）の生産工程

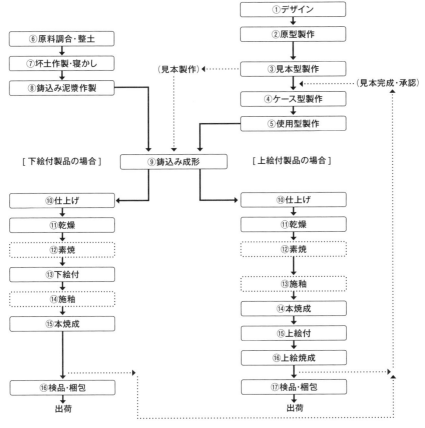

(注) ┊┈┈┈┊（点線太枠）の工程は省略する場合もある。

十名直喜［2008.4］『現代産業に生きる技──「型」と創造のダイナミズム』勁草書房、91ページ。
「転写」は、⑮上絵付の工程で行われるもので、その技法の1つである。

て、多岐にわたる技法（手描き、転写、スタンプなど）の1つに位置する[*69]。

「どのようにつくるか」は、「何をつくるか」の単なる付属物ではなく、無限の多様性を秘めた別次元のもので、両者は深い関係を有する。

ものづくりにおいては、時間さらには材料などの相違がつくり方を規定し、限りない限定が作業者を縛る[*70]。本質的には、同じものをつくることはできないのである。そこに、巧とか、拙いとかが生まれる。ものづくりは個別性を通してし

第3章 ものづくりの核心と技能・サービス 79

か実現できない*71。「設計」など「知る」営みはデジタルであるが、「転写」など「つくる」営みはアナログにしか実現できない領域も少なくない。

　ここで、「転写」とは何か、があらためて問われねばなるまい。

　『広辞苑』によると、「転写」は次のように記されている。「① 文章や絵などを他のものに写し取ること。② [生物学] (Transcription) DNAの遺伝情報がメッセンジャーRNAに写しとられる過程」。

　②の説明にみるように、「転写」は、遺伝子が機能する上で重要な役割と過程を担うが、やはり「写しとられる過程」に過ぎない。

　遺伝子は、生命の設計図に例えられる。それは、生命に不可欠なタンパク質の素であるアミノ酸をつくる順序が書かれているからである。遺伝子 (gene) とDNA (デオキシリボ核酸：deoxyribonucleic acid) の違いは、情報と記録媒体の違いとみられる。

　本質的には情報でしかない遺伝子が機能するには、「発現」される必要がある。「発現」は、一般に「転写」と「翻訳」の過程を経て、遺伝情報がタンパク質などに変換される過程とみられる。「転写」はDNAからRNA (リボ核酸) に情報が写しとられる現象であり、「翻訳」はメッセンジャーRNAの情報を読みとりタンパク質を合成する過程である。いわば、「発現」過程の「第1段階」が「転写」であり、「第2段階」が「翻訳」とみられる*72。

　DNAは、そのすべてが「転写」されるわけではない。タンパク質の鋳型となる遺伝情報、いわゆる「意味があるまとまり」だけが選択されて、RNAに「転写」される。「何を」「いつ」「どこで (どの細胞で)」つくるかという情報も含まれる。「遺伝子」とは、この「意味があるまとまり」に相当する*73。

　生命において、設計情報は遺伝子であり、「転写」と「翻訳」という2つの過程を通して発現される。「転写」は、情報が写しとられる現象、いわば詳細設計図のインプット段階に相当する。それを読みとり、タンパク質を合成する過程である「翻訳」が「つくる」に相当するといえよう。

　第1次産業における自然の「働き」をみると、設計と「つくる」の関係はより複雑かつ多様である。動植物を「育てる」「つくる」という営みは、それらが有する遺伝子という設計情報が、一定の環境条件の下で「転写」・「翻訳」の過程を経て、「発現」すなわち顕在化することである。人工的な関与には限りが

あり、自然の「働き」に大きく依存するものとなっている。「転写」・「翻訳」は、生物学的にも文化的にも行われる[74]。

　転写に込められた思いは本来、「写しとる」だけのものではないはずである。ものづくりは、設計情報の単なる「転写」ではない。むしろ「翻訳」をコアとするプロセス、すなわち素材と設計情報（すなわち造形意思）との仲立ち、素材と素材、ひとと素材の擦り合わせのプロセスにほかならない。ものづくりの核心は、「もの」からみると「設計」に、「つくり」視点からみると、ものとひと、あるいはひととひとの擦り合わせの妙（いわゆる創造的な「転写」と「翻訳」）にある。むしろ、両者の関わりのダイナミズムにあるといえよう。

2. ものづくりと技能

2.1 ものづくりの技能と現場

1 ▶ ものづくりと技能

　具体的なものづくりには、どんな場合も接する人の能力が関わっている。そのような能力の中核を、技能という。ものづくりには、個別の現場に立ってみないとわからない「予測のつかない」ことが内在する。そのような個別の場における攪乱を身体知で処理できる能力が、技能に他ならない。

　技術進歩は、「能力の外化」すなわち技能の技術への転化を不断に進めるが、個別の場の課題処理をこなす技能、とりわけその高水準な発揮である熟練をなくすことはできない。ものづくりの「個別性原理」は、すべての人間労働の存在証明である[75]といえよう。

2 ▶ 現場と現場主義

　「現場に行く」とか「現場はどうなっているか」など、「現場」という言葉はよく使われる。「生産現場」や「開発現場」、「セールス現場」、「教育現場」など、人々が織りなす多様な営みの場は、「○○現場」とも呼ばれる。「現場」とは、

「物事が実際に行われる場所」のことである。

現場は、現実空間における「場」、仕事や生活などが行われる直接的な「場」であり、face to faceの関係のなかで五感を通して積み重ねられる労働・生活空間に他ならない。「ひと」と「もの」、「ひと」と「ひと」との関係が重層的かつダイナミックにみられるのが、ものづくりの現場である。ものづくりには、現場に立ってみないとわからない「予測のつかない」ことが内在するからである。

「現場主義」は、ものづくりの現場においてよく見かける言葉である。現場を大切にし、現場に依拠して仕事をする（物事を進める）といった、現場を重視する考え方を意味する。

現場主義は、日本メーカーの伝統的な経営風土である[*76]。実際の仕事を通して学び、後輩に教えていく。現地・現物を第一義とし、生産現場に足を運び、自分の目で見、自分の頭で考える。ものを手にとり触って確認し、五感を研ぎ澄ませながら、安全・品質・納期などへの感性を磨いてきたのである。

3 ▶ 「現地・現場・現物」へのシステム・アプローチ

まさに、「現地・現場・現物」の3点がセットになっているのである。「現地」とは、「現場・現物」のある地域、すなわち「まち」を意味する。「現場」には、現物にかかわる様々な「ひと」が活動しており、その中心に位置するのが「ひと」である。「現物」とは、「もの」そのものである。

「現場主義」は、「現場に根ざす」という言葉とも響き合う。現場は、働く場であり、生活の場でもあり、まさに人々が交流する場にほかならない。

「現場をみろ」は、メーカーでの決まり文句とされてきた。しかし戦略現場となると、時代とともに変化が見られる。「現場をみろ」は、工場に詰め、製造工程のムダを省くことであった。今や戦略現場は、開発さらに販売・流通へと広がっており、「市場をみろ」へとシフトしてきている。ものづくりを捉える視点の広がりが求められている。

「現地・現場・現物」のポイントは、「現地」「現場」「現物」の3点を三位一体で（いわばシステムとして）捉えることにある。現場に立脚しながら現場を超える視点（いわば「着手小局、着眼大局」）がそこにあるといえよう。

「現地・現場・現物」は、「まち・ひと・もの」の別表現とみなすこともできる。

「現地」「現場」「現物」を三位一体として捉えることは、「まち」「ひと」「もの」を相互につながり合う関係として捉えることにほかならない。

それは、ものづくりをまちづくり、ひとづくりと有機的につなげてシステムとして捉える（すなわち「ひと・まち・ものづくり」）という視点にも通ずる。ひと・まち・ものは、人工であるとともに地球的自然の一部でもある。ものづくりに向き合うということは、自然と向き合うことに他ならない。ものづくりに磨きをかけつつ、ものづくりを超える視点とアプローチが求められているのである。

2.2 技能継承の伝統と革新

1 ▶ 現実空間と電子空間のあり方

近年、マニュアル化の傾向やインターネットでの対応の比重が高まるなか、「場」の変容が進み、現場主義の風土も社会的に薄れる傾向がみられる。

「場」は、個人と個人、個人と集団、あるいは集団相互の関係のなかにみられる。人々の営みや創造性は、「場」によって育まれ、「場」を媒介にして社会に共有される。近年における情報通信革命とくにインターネットの発展は、「場」の変容を促している。

それは、ものづくりの「場」にとどまらず、社会的な広がりを伴っている。現実空間に加えて、電子空間という擬似的な「場」が出現し、「場」を大きく変容しつつある。

擬似的な「場」が台頭し、両者の関係が多様化し相対化するなか、あらためて現実空間として「場」とは何か、五感を通しての直接的な共有体験や交流の意味をどう捉えるか、が問われている[77]。

2 ▶ 技能継承の伝統的な手法

「徒弟制」という言葉は、今や死語に近い。親方の家に住み込みマンツーマンで技能を学ぶという手法で、10歳前後から弟子入りし家事手伝いなど雑務から仕込まれる。わが国特有の技能継承制度であり、200種以上の職人たちが技を磨いた江戸期を頂点に、戦前までは確実に残っていた。現在は、相撲部屋や芸能界の内弟子制度などにその名残が見られる。

徒弟制など伝統的な手法には、没論理的でパターナリズムの側面をはらむも、躾と学び欲求、技能などを住み込み生活など共有体験の「場」を通して学んでいくなど、現代に失われた教育方法なども含まれている。

　熟練の技には、明示化できない暗黙知の世界も多分に含まれている。そうした非言語的な知は、共有体験によってしか継承できないし学べないとも言われており、それらを継承する新たな「場」が求められている。

3▶ 職人的技能と人間発達

　マニュファクチュアにおける職人的技能について、マルクス［1867］は「部分労働への特化」、一面的発達と捉える。確かに、生涯を1つの部分労働、1つの技能に固定されることは、潜在能力の自由な発達が抑制されることにつながる。分業化の進展は、各部分労働をより狭いものに限定しシステム化する傾向をもつ。

　しかし、技を覚え身につけていくには、人は限られた専門（いわば「部分労働」）から入らざるを得ない。「一芸に秀でる」という言葉があるが、「1つの専門を究める」こととほぼ同義とみられる。

　さらに、「一芸（に秀でるもの）は、万芸に通ず」という格言があるが、中国にも同じような趣旨のもの（「一様通、様々通」）がみられるという。たしかに、一芸（1つの専門）に秀でる人は、他でも優れた才を発揮し多芸に秀でることも少なくないが、それはなぜであろうか。

　一芸を磨き究める中で、学びと創造のコツ（いわば「型」）を編み出し体得するからであろう。一芸あるいは1つの専門は、限定され狭いかもしれない。しかし、それを究めるには、いろんな視点からアプローチするなど、広い視野からの試行錯誤と創意工夫が不可欠である。その過程で体得する（磨き究める）要領、学びと創造のノウハウや手法、すなわち「型」が、普遍性を持つからである。体得の意味を考え明示化するには、一般的な教養が必要で、基礎的な教育の意義がここにある。マルクスも、大工業労働と教育の適切な結合、さらには多様な労働体験による潜在能力の開発と育成のなかで、「全面的に発達した人間」が陶冶されるとしている。

　なお、「部分労働への特化」は、熟練化を促す。熟練は、仕事（原材料や道具、

製品などの性質や取り扱い、仕事の段取りなど)への洞察や手応えをもたらすなど、職人労働の質や喜びを高める面もある。マルクスのマニュファクチュア論では、専門化は非人間的論理の視点から捉えられており、専門化が質的な多様化さらには普遍化につながる側面には目が向けられていない。それゆえ、職人労働の質的に多様な側面は捉えられていないのである。

　それは、機械制大工業論においてより顕著である。マニュファクチュアの下で、部分労働に特化した職人たちは機械にとって替わられ、機械に従属した作業労働者へと化す。機械制大工業の下で、労働者は労働の内容から疎外され、仕事および熟練は絶えず破壊され、職人は離散するなど、疎外の極致を通して初めて、全面的に発達した人間の形成が可能になる。むしろ、(過酷を極める)多様な労働転換を経ないと、全面発達は可能にならないとみているともいえる。

　しかし全面発達は、専門化と必ずしも矛盾・対立するわけでなく、専門化を抜きにしては語れない。「型」論にみるように、専門化は全面発達への一里塚、プロセスとして位置づけることができよう。それは、科学研究においても妥当するとみられる。1つの問題を突き詰めていくと、別のジャンルも視野に入れてこないと、その問題すら解けない。どんな狭い分野でも、世界の最先端がどこにあるのかというレベルまで到達することによって、初めて他の分野も見えてくる。まさに専門を極めていく中で、より学際的に、また総合的になっていかざるを得ないのである[*78]。

　マルクスの機械制大工業論については、ピオリ/セーブル[*79]の批判が注目される。マルクスの機械制大工業論は大量生産体制論であり、クラフト的生産すなわち柔軟な専門化体制の視点が欠けているという。示唆に富む指摘であるが、職人的労働と人間発達のあり方などへの切り込みは不十分とみられる。

　機械制大工業の下でも、機械を使いこなす新たな技能と感性をもつ職人的熟練は形成されるし、有形および無形の「型」を媒介にして継承・再生される。機械制大工業の下で破壊されたはずの職人的熟練が無限の可能性を秘めているのである。

4 ▶ 現代の熟練と創造性

　熟練とは何か、熟練と技能はどう関係するのか、さらに現代の熟練とは何か、

が問われよう。

　技能とは何かについては、「5.2.3　技術とは何か」でみてきた。技能とは、（技術のコアをなす）手段や方法を使いこなす人間の能力や行為のことである。

　一方、熟練とは、質の良い生産物を的確かつ迅速に生み出す人的能力のことで、技能が一定の水準に達し社会性・市場性を持つに至ったものである。技能の高水準な発揮が、熟練に他ならない[*80]。

　熟練は、数多くの現場体験と創意工夫を積み重ねる中で得られるものである。手仕事において熟練の域になると、人は虚心（いわば無我）となり、彼の手は全くの自由をかち得る、その自由さが巧まざる創意を生み出す[*81]。

　富沢木実［1994］は、「年をとっても楽しいのが熟練」という。段取りを考える楽しさ、それがうまくいくのを見届ける楽しさ、などがある[*82]。

　小関智弘は、問題に直面している現場で、ものと向かい合ったときに湧いてくるのが「知恵」であり、手の技プラス知恵でもって、困難を乗り越える問題解決能力を持っている職人こそ、熟練工であるという[*83]。

　現代の熟練とは何かが、あらためて問われている。現代の熟練は、高度にシステム化された現代の産業と技術を担い、幅広い仕事能力、システム的な知識と思考力、工程改善能力、異常への対応能力などに長じ、非定常な仕事を的確にこなす創意性の高い技能である。それは、「システム的熟練」と呼ぶことができる[*84]。

5▶技能継承の困難化

　グローバル化・円高化のもと工場の海外移転を伴う海外現地生産が拡大するなか、国内生産現場の縮小が進む。また、生産システムの高度化が進み、生産トラブルの発生頻度も減少傾向がみられる。

　システムが高度化・複雑化するなか、労働におけるブラックボックス化が進み、五感を通して把握できない範囲が拡大している。

　また、減量経営により、ものづくり現場の要員削減は従来の限界をも超えて進行しつつある。日々の生産活動をこなすことに追われ、腰を据えてひとを育てる余裕がなく、技能継承も年々難しさを増している。

　情報通信技術の進展に伴い、距離や時間の壁は極端に低くなる一方、リア

ルな現場で現実の体験をする機会が減少し、実際の体験をすることなくバーチャルな世界でわかったつもりになるなど、技能が体得できない状況が深刻化している。

6 ▶ 技能継承の新たな試み

　他方、生産現場および技術開発現場では、技術と技能の融合が進行しつつあり、両者の融合による相乗効果も出てきている。そうしたなか、原初技能を学ぼうとするハイテク技能者が増加する傾向がみられる。ハイテク技能の習得をめざすうえで、原初技能の習得が必要になるという[*85]。

　原初技能は、ものづくりの基本をなす技能である。身体と労働手段（道具や機械）を使い、五感を働かせて労働対象（素材）を加工する技能である。素材と道具・機械との接触具合、柔らかさや硬さ、温度、色、におい、音などを鑑みながら操作し、製品へとつくり上げていく。その定量的な把握に基づく条件設定が、ハイテクを使いこなす決め手となる。

　ハイテク技能は、原初技能の体験とスタンスがあって存立する。両者は、物質を五感で把握するという意味においてつながっているからである。

　技術のシステム化が進むなか、高度さ・複雑さが増し、目に見えない部分の比重が高まり、ひとの果たす役割はより創造的なものが求められるようになる。最先端のものづくりは、原理の究明をふまえての最新鋭の機械設備と素材開発に至る最先端の技術、研ぎ澄まされた感性に支えられ練磨された技能、の融合および相乗効果により生み出されている。

　技能継承に向けた様々な取り組みが、大企業のみならず中小企業においても進められている。技能マップを作成し、リストアップされた技能について評価表をつくり、優先順位を決めて体系化し、工場全体あるいは会社をあげて技能継承システムを整備した事例（鉄鋼や精密機器のメーカー等）がみられる。また、グローバル生産を担う人材育成を短期間に行うために、デジタル技術を駆使したマニュアル化の試み（輸送用機器メーカー等）も進められている。

　技能継承の手法は、文書による教育や実技・口頭での指導によるOJT（On the Job Training：仕事を通しての実務教育）中心からIT（Information Technology：情報技術）を活用した手法の新たな試みが広がりつつある。総合電機メーカー

では、デジタルビデオで作業を撮影し、議論・分析をふまえて静止画解説と動画解説に編集するなど、「技能をみせる工夫」による（暗黙知の）形式知化の試みが進められている。また、建設機械メーカーでは、画像音声システムを開発して工場ラインの作業支援を進め、3次元CADも活用して、熟練技能者が持つノウハウを開発から組立まで一貫して共有化し生産性を高めている[*86]。

しかし、ITが支援できるのは、詳細なデータの提示にとどまる。そこには、現場で現物を確認することを疎かにする危うさも潜んでいる。データを検討し、現場での実態をふまえて、問題を見出し解決していくのは、ひとである。そのようなひとづくりが急務となっている。

3. ものづくりとサービス

3.1 サービスとは何か──技術・財との関係

技術は人間の生活、営みの中から生まれたもので、「何かをつくりだし享受する手段や方法あるいはその体系」と定義した。「何か」とは財・サービスを指すゆえ、技術とは「財・サービスを生産あるいは享受する手段や方法あるいはその体系」と説明することもできる。

労働過程を構成するのは、生産手段（労働対象、労働手段）と労働力である。物質的生産活動においては、素材（＝物質的基体）としての労働対象は存在する。しかし、サービス部門の非物質的生産においては、素材としての労働対象は存在しない。素材としての労働対象の不在は、物質的生産と異なるサービス部門の特性である。その生産物は無形であり、無形の使用価値としての有用効果である[*87]。

労働力は、人間能力の総体であって、生産物ではない。商品として市場に現れるが、資本関係の下での擬制的商品に他ならない。「ひと」は、素材としての労働対象には入らない。

財は、物質的・精神的に何らかの効用を有するもので、有形なものを財、無

形なものをサービスと呼んで区別する場合もみられる。

　サービスは、「商品にせよ労働にせよ、ある使用価値の有用な作用」[*88]である。利用者に役立つ機能や活動であり、利用者の求める価値を生む活動（価値生産活動）[*89]と捉えることもできる。

　サービスには、ものにはない次のような特徴がある。①無形、②生産と消費の同時性、③結果と過程の2側面性、④再現の困難性（提供者の変化）、⑤共同・双方向性（利用者との共同生産）など[*90]。

　ものにはないサービス固有の特徴は、ものづくり産業とは異なる特徴をサービス産業に与えている。

　1つは、生産と消費の同時性ゆえ、在庫ができないことである。その結果、需要の時間的変動や地理的分布が大きく影響し、輸送費用がきわめて高いなどの特徴がみられる。

　2つは、サービスの質を事前に評価することが難しいことである。そのため、市場メカニズムが正しく働きにくく、それを補完する制度設計（社会的規制）のあり方が大きな影響を与える。

　3つは、市場と家計、企業との間の代替性が高いことである。保育や介護サービス市場の拡大は、家計内サービスとの代替を通じて、女性の就労を促す効果を持つと同時に、女性の雇用の受け皿としても大きな役割を担う[*91]。

3.2　ものと機能・文化（意味）

　「もの」は、それだけみると「単なる塊」といった物質にすぎないが、生産過程や消費過程という社会的なプロセスのなかでみると生産や消費の手段あるいは対象に転化する。ものづくりにおいては、「もの」という物質に様々な機能がつくり込まれる。それゆえ、「もの」は物質であるとともに、そこには様々な機能が内包されているのである。

　例えば、ドリルは穴をあけるという（有形の）機能を、楽器は音楽を奏でるという（無形の）機能を有する。人（生産者あるいは消費者）はものを媒介にして、有形あるいは無形の機能を引き出し、享受する。機能は、享受するプロセスにおいて、多様なサービスへと転化するのである。

物質と機能という「もの」を構成する両側面は、社会の変化とともに構成比率や意味合いなども大きく変容していく。情報通信技術革命を通して軽薄短小化が進行するなか、機能的側面の比重が高まり、機能のなかでも無形の比率が大きくなる。

　例えば、携帯端末はサイズの縮小が進む一方で、機能の拡充が逆比例的に進行している。移動しながらの電話機能のみならず、カメラ、音声・映像を含む多様なデータ通信機能が、サービスとしてシステム的に組み込まれている。

　それらの機能的価値に加えて、近年では、顧客の好みや感性に合ったデザインや面白い仕組み、使い心地など、機能や品質を超えた価値、すなわち文化的価値の比重が高まっている。それらを、「意味的価値」として捉える見方もある[*92]。技術発展のスピードとキャッチアップが速まるなか、機能・スペックの高さをひたすら追求する（いわば機能的価値に特化した）ものづくりのあり方には限界がみられ、意味的価値の創出が求められている。

3.3 ものとサービスの融合

　工業社会では、もの中心の世界観が主流を占める。世の中には、「もの」と「もの以外の何か」がある、との見方である。サービスは「もの以外の何か」とみられ、第3次産業は第1、2次産業でもない「それ以外の何か」とみなされ定義される。

　価値という視点から、企業と顧客の関係をみると、次のような図式が成り立つ。企業が価値を生み出し、顧客はその価値を消費するという関係である。いわば、企業から顧客への一方向的・分業的な「価値生産」と「価値消費」、が前提とされる。そこでは、企業のつくるものやサービスが貨幣と交換されることにより実現する「交換価値」が重視される。

　近年、「もの」とサービスの融合が進み、両者の区別も難しくなるなか、サービス中心の世界観が広がりを見せつつある[*93]。「もの」の機能的側面が高まり、さらにサービスとの融合が進むなか、サービスの視点から世の中を捉え直そうというものである。すべての経済活動をサービスとして捉え、世の中には「ものを伴うサービス」と「ものを伴わないサービス」があるという見方である。そこ

では、企業と顧客の双方がお互いに相互作用を通じて価値を創造する、という双方向的・協業的な「価値創造」が前提とされ、両者が様々にやりとりする文脈のなかで実現する「使用価値」や「文脈価値」が重視される。

　ものづくりとサービスづくりの融合は、生産者と消費者の再結合を新たな形で促す役割を潜在的にもっており、それを引き出し発展させる技術とシステムが求められている。ものづくりを、生産と労働の基本として大切にしつつも、多様な視点から現代的に捉え直し生かしていくという、複眼的なアプローチが求められているといえよう。

4

ひと・まち・ものづくり
産業システムと人間らしさ
――現代産業への新たな視座

1. 現代産業を捉え直す

1.1 生業と職業への視座

　産業とは何か、さらに現代産業とは何か。両者に共通するもの、あるいは違いは何か。それをどう捉えるかは、現代産業論の出発点をなす。

　産業は、歴史的に俯瞰すれば、生命の生産と再生産（すなわち生活資料の生産と人間そのものの生産）[94]を担う社会的な営みとして捉えることができる。生命の生産とは、自然界では繁殖の意味であるが、社会においては、その意味もさることながら、むしろ歴史や過去の社会的な記憶からの人間による学習、さらには新たな実践と記憶との照合による学び、という意味がより大きな比重を持つようになる。

　この学びは、産業の「営み」そのものの中で、すなわちひとからひとへの技能・熟練・創意工夫・技巧などの継承や創意的発展のなかで、行われる。さらには、労働時間の短縮による生活時間の確保、自由な空間の中での交流や研究・実験、そして健康をもたらす自然や社会の環境整備、などを通じて実現される。

　産業は、古より人々の労働・生活と深く関わり、日本語では生業（なりわい）と表現されてきた。生業とは、世渡りの仕事、つまり、この世で生きるために身につけた仕事およびその力量を意味した。宮本常一［1965］『生業の歴史』[95]他は、複数の仕事をもつ農漁村の生活を、離島をはじめ日本各地に見出している。生業は、季節ごとに変わるなど多様なものであり、各自がそれを組み合わせて生計を立てていた。

　欧米では、industryと表現され、intelligent or clever workingであったとされていて、熟練、独創、技巧などの技を伴う仕事を意味した。和洋双方の原意を総合すれば、社会で生きるため身につける仕事および熟練・独創・技巧などの力量、とみなすことができる[96]。

　産業革命以降、分離・分化の進行に伴い、職業という仕事の分担（すなわち分業）に関わる意味が付加される。分業の浸透に伴う専業化は、仕事を忙しく

窮屈なものにしている面も少なくない。現代産業には両者の意味が含まれるに至っている。

それゆえ、生業による人間発達と分業による人間発達を総合的に把握する必要があろう。その際に注意すべきは、分業は、人間の才能を開発する側面と、発達を一面化して能力貧困をもたらす側面の、両面を有するという点である。これに対して、生業は、手仕事・知恵・倫理性を高め、人間の全人生や総合的な発達の可能性を現実化する側面を持つ。

現代産業は、分業にとどまらず、人間発達としての総合化をめざす傾向を有する。

1.2 これまでの産業論の特徴と課題

これまでの産業論では、コーリン・クラーク[*97]に代表される産業の3分類をはじめ工業経済論や産業組織論などにみられるように、ものやサービスを生産・供給するための活動および生産・供給者群、いわば職業領域の総体として一般的に捉えられている。それらは、生産・供給を担うひとびとの機能的側面に光をあてたものである。

このアプローチは、産業における分業の中で仕事が細分化・機械化され、熟練した労働や技能が機械によって置き換えられる過程を、産業進歩として把握する傾向を持つ。その結果、熟練労働は高い賃金を伴うゆえ高コスト体質をもたらすと判断され、熟練などを持つ人材は機械によって代替されるといった経営手法が生まれやすい。このような産業観に囚われると、産業の実態とは乖離が生まれる。

1.3 「生業を営む力量」への産業論的視座

産業には、もう1つの重要な意味がある。それは「生業を営む力量」ともいえるもので、そうした活動に関わるひとびとが職場や地域で織りなす働き様や生きざま、熟練・独創・技巧等の力量、そこで培われた文化や技（わざ）、などである。それらは、ひとが体得した無形のもの、いわば産業の文化的側面であ

る。前者を機能的アプローチとみると、後者は文化的アプローチと捉えることができる。

鉄鋼産業への文化的アプローチといえるのが、十名［1996.4］である。日本的な働き様と労使関係を軸に日本鉄鋼産業論としてまとめたもので、この分野では類書のないアプローチとみられる。一方、資源・技術・技能など鉄鋼生産システムを体系的に分析した十名［1996.9］は、機能的アプローチ主体とみられるが、現代の熟練に光をあてるなど文化的アプローチの側面も有している。

産業は、これまで機能的価値（実用性・利便性）に重きが置かれてきたが、文化的価値（芸術性、信頼性）の比重が急速に高まってきている。両者を包括して捉えることによって、より現実に根ざした奥深い現代産業の実像を捉えることができる。

この両者に、独自な「型」論の視点からアプローチし、陶磁器産業をモデルにして包括的・体系的に分析したのが、十名［2008.4］である。

文化的側面の重要性は高まっているが、これまでの産業論では対象外とみなされてきた。この側面から見れば、熟練や独創性、技巧の精密さなどの技は、高コスト要素のみならず、むしろ、人材の持つ「無形の資産」であり、高度な技術とも共生しうる「経験や実践のなかで体得した文化資本」でもある。

1.4 「わざ」と技能を生かす

熟練や熟達を身につけた人材が、独創性や精巧な手仕事によって機械のできないことをも成し遂げ、最先端技術と共生しながら国際競争力を持続させるという現実的傾向もみられる。こうした実態を反映した産業論が、いま、求められている。

欧米では、技をスキルすなわち技能に限定する傾向が強い。日本語の「わざ」には、熟練や独創性、技巧にとどまらず働き様や生きざま、芸など、文化的な意味が豊かに含まれている。しかし、資本主義的な発展に伴って分離・分化が進行し、技は技術と技能などに分化されるなか、日本でも置き去りにされてきたのが広義の「わざ（技）」の視点であり、「無形の資産」の側面である。

2. ひと・まち・ものづくりの三位一体化

2.1 産業への機能的・文化的アプローチ

　ものづくりについては、まちづくり・ひとづくりとの三位一体視点から、さらには実用性・利便性といった機能的価値にとどまらず芸術性・信頼性など文化的価値づくりをふまえ、捉え直すことが大切である。十名［2012.7］のタイトル（『ひと・まち・ものづくりの経済学』）には、そのような思いも込めている[*98]。

　産業とは、ものやサービスを生産するための活動であり、ものづくり・ひとづくり・まちづくりにまたがる活動といえる。さらに、それらに関わる人々が職場や生活の場で織りなす働きざまや生き様をも含んだものである。前者には機能的アプローチ、後者には文化的アプローチで迫る。むしろ、両者を包括することにより、より現実に根ざした奥深い現代産業と地域の実像が浮かび上がってくる。

2.2 まちづくりとものづくりを有機的につなぐ

　一方、地域とは、人々が生活し生計を営む場（あるいは空間）である。地域は、地理的、社会的、行政的といった尺度により多様な姿で立ち現れる、伸縮自在な概念といえる。まちは地域の一部であるが、都市化に伴い、地域の「まち」化も津々浦々にまで及んでいる。まちは、「町」、「街」などとも表現される。町は、「田の広さや区画の単位」で「人家の密集している所を道路で分けた一地域」（『広辞苑』）をさす。「商店の立ち並んだ繁華な土地」は街と呼ばれる。まちは、町、街などを包括した概念であり、ミクロいわば「縮（しゅく）」の地域概念といえる。

　まちづくりとは、まち（地域）が抱える諸課題に向き合い、ハード・ソフトの両面からアプローチし解決を図ろうとするプロセス、である。まちづくりは、地域づくり、地域創造[*99]とも呼ばれる。地域に生きる人々や風土が織りなす産業・文化・歴史などに内在する固有価値や潜在能力を再発見し、創造的に再結合

させるプロセスでもある。暮らしを支える産業振興は、まちづくりのコアに位置するといえよう。

　ものづくりは、生活密着型の地場産業・中小企業のみならずグローバル産業・大企業においても、地域との関わり（まちづくり）を抜きに展開することはできない。近年、少子・高齢化や過疎化、地方財政危機など、まちや地域をとりまく困難化が深まるなか、ものづくりをまちづくりの視点から、両者をより有機的につなげてみていくことが求められている。

2.3 産業・地域・労働の文化的創造――工場空間から社会空間への展開

　ものづくり・まちづくり・ひとづくりが、工場、オフィス、学校、地域などを舞台にして、相互に深く関係しながら多様に展開する。ものづくりという生産労働が、工場空間において歴史的に変化するとともに、教育や医療、行政などサービス労働を担う多様な社会空間と有機的につながっていく。ものづくりが担う「ひとづくり」は、工場・企業の枠組みを超えて、より包括的かつ主体的な「人間発達」へと質的な変容をみせるのである。それはまさに、産業・地域・労働の文化的創造のプロセスであり、それを担う主体への成長プロセスを人間発達として捉え直す。

2.4 もの・サービスづくりと地域・産業モデルの体系的把握

　ひと・まち・ものづくりは、型・技術・技能、および第1次・2次・3次産業（いわゆる農業・工業・サービス業）と、どのような関係にあるのか。
　そのイメージを図式化して整理したのが、「図表6　もの・サービスづくりと型・技術・産業・地域」である。
　まず、時間と空間を縦軸に、無形と有形を横軸にして中心点で交差する。なお、縦軸にみる「時間」の（下向き）矢印は、瞬間性から定常性へ、すなわち瞬間的に消えやすい状態から定常的に安定した状態への方向を示すものである。また、空間の（上向き）矢印は、定常性から瞬間性、すなわち定常的に存在する状態から瞬間的に消えやすい状態への方向を示す。中央の交差点近辺は、

図表6　もの・サービスづくりと型・技術・産業・地域

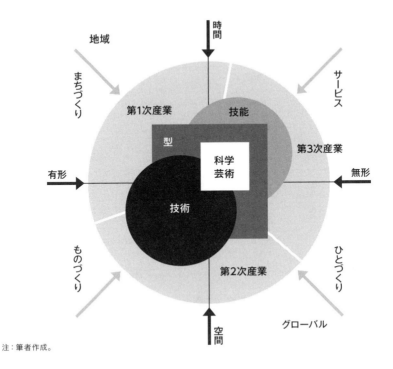

注：筆者作成。

時間（1次元）と空間（3次元）が不安定ながらも融合する状態にある。

　一方、横軸にみる無形と有形の（内向き）矢印は、無形あるいは有形の度合いを示すもので、中央の交差点近辺は両者が併存あるいは融合する状態にある。

　また、左右対称の斜線軸も敷かれている。左斜線軸にものづくりとサービスづくり、右斜線軸にまちづくり・地域とひとづくり・グローバルを配置する。各矢印は内向きになっていて中心点で交差する。

　図表6は、その盤上に、型、技術、技能、科学・芸術、第1・2・3次産業を配置したものである。中央近辺に位置するのは、有形・無形を包括する「型」である。科学・芸術は、型の一部をなすが、無形・時間・サービスづくりの方に寄っている。技術と技能はすべてにまたがるが、技術はものづくり寄り、技

図表7　産業・地域の3層（7層）モデル

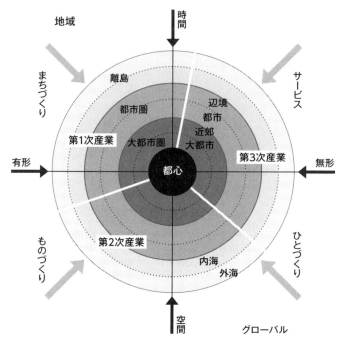

注：筆者作成。

能はサービスづくり寄りに位置する。

　第1・2次産業はいずれも、有形・ものづくり寄りであるが、第1次産業はローカル・まちづくりに、第2次産業はグローバル・ひとづくりにより近い。第3次産業は、無形・時間・サービスづくりの方に寄っている。

　さらに、図表6の構図とアプローチに基づき、日本の地域・産業を3層（より詳細には7層）モデルとして捉え直したのが、「図表7　地域・産業の3層（7層）モデル」である。

　図表7は、日本の地域・産業を、大都市圏、都市圏、離島の3層から捉えたものである。より詳細にみると、大都市圏は都心・大都市・近郊、都市圏は都市・辺境、離島は内海・外海、の7層から構成される。

　世界人口の過半数が農村から都市暮らしへとシフトしたのは、2007年5月のことである。都市生活への進化は、わたしたちの暮らしを根本から変えた。

食生活から居住場所、仕事、自然との距離、さらには地球の未来まで。それは、1万年前に狩猟採集生活から農耕牧畜生活へと移行したことに匹敵する大転換ともいわれる[*100]。

日本では今や、地域の大半が都市化しているとみられる。いわゆる地方圏は、図表7では「都市圏」として捉え直している。

日本は、6852の島から構成される。そのうち、本州・北海道・九州・四国・沖縄の5島が「本土」で、「離島」はそれ以外の6847島を指す。離島を（内海・外海に分けて）、図表7に織り込んだのは、この数年間における「産業・地域システム研究会」での離島調査による知見に基づいたものである。

産業・地域システム研究会（2013～17）は、名古屋学院大学の共同研究会であり、これまで3冊の調査報告書を公刊している。

(1)［2014.12］『離島と大都市にみる産業・地域振興の現状と課題
　　―答志島（鳥羽市）と東大阪の比較研究とダイナミズム―』
(2)［2015.12］『離島対策に学ぶ地域再生への歴史的視座
　　―種子島・答志島・八丈島の3島比較アプローチ―』
(3)［2016.12］『地域の風土・産業・文化を生かした離島・本島活性化の課題
　　―周防大島と沖縄本島の見学調査をふまえて―』

なお、「産業」をキーワードにした名古屋学院大学の共同研究会は、「産業構造研究会」（1998～2002）として1998年に発足した。その後、「産業ネットワーク研究会」（2003～07）、「サステイナブル産業・地域研究会」（2008～12）、「産業・地域システム研究会」（2013～17）と5年ごとに名称と趣旨をリフレッシュしてきた。1998～2012年の間は、本州（および韓国）の大都市圏、都市圏（辺境を含む）の産業・企業を調査してきた。

産業・地域システム研究会は、本州とくに大都市圏との比較視点から、離島に注目する。離島は日本の縮図であり、日本の未来を映し出す鏡、とみるからである。

前身を含めると、20周年を迎えている。この間、産業を軸にして企業から地域へと視野を広げて、調査報告書の発行（次年度内）も続けてきた。累計では、

18号になる。

　小生も、毎年のように調査論文を寄稿してきた。掲載された小論は18本になり[*101]、製造業の大企業・中小企業を中心に農林漁業、サービス業にまたがる。それらは、大都市圏の都心から都市圏の辺境、さらに離島まで含まれ、図表7の各地域がほぼ網羅される。

3. 産業・技術の高度化・システム化が問いかける人間の存在意味

3.1 分離・分化から人間主体の再結合・融合化へ

　十名［2008.4］では、（小芸術と大芸術さらには）技術と芸術の分離・分化から再結合・融合化という視点からアプローチした。しかし、「分離・分化から再結合・融合化へ」の理論化、根拠づけは十分とはいえなかった。
　十名［2012.7］では、それを深化・発展させているのが特徴である。
　資本主義的生産とりわけ工業化社会は、社会のあらゆる領域で分離・分化を極限まで進めた。しかし、20C前半まで主流をなした分離・分化の波は、20C後半以降、生活や労働の疎外、環境破壊など持続可能な経済発展の障害として顕在化するなか、再結合・融合化への波が浮上するに至っている。
　科学のみならず技術の領域においても、融合化が大きな流れになってきている。近代科学および資本主義の発展は、分離・細分化のプロセスでもあったが、人工物を対象とする新しい科学の登場（「第3の科学革命」）を契機とする統合化への新たな流れなど、再結合・融合化の流れをも生み出し、21世紀はそれが主流へと発展することが求められている。
　人間主体の再結合・融合化という視点から、21世紀的課題にアプローチする。『資本論』の「人間の全面発達」論、農業と工業の「より高い総合」論に着目し、その再検討をふまえ、環境文化革命とそれを担う人間像や技術進歩のあり方について考察する。

3.2 工場・産業の発展と変容——過去・現在・未来

　工場・産業の発展と変容のプロセス、その過去・現在・未来は、「図表8　工場・産業・主役の発展と環境文化革命」にみるように数百年の視点から大局的には描くことができる[102]。

　縦軸は、農業社会から工業社会、知識社会へとシフトする社会変化を表す。工業形態は、産業革命さらには情報通信革命により、家内工業から工場制手工業（マニュファクチュア）、機械制大工業へ、さらにはシステム制ネットワーク工業[103]へとシフトする。

　一方、横軸は、家庭と仕事場、農業・工業・サービス業、さらに主役、工場イメージが社会の変化とその下での工業形態の変化に伴い、どのように変化するかを分離・分化と再結合という視点から捉える。工場は、農家の一角（家内工房）であったものが、工場制手工業へ移行するなか、家庭から分離され独自に発展し始める。大工業の出現に伴い、工場は大規模化・遠隔化して家庭との分離を加速化するのみならず、技術者・技能者、事務・管理者などへの階層分化、さらには工場とオフィスへの分離など、分離・分化を極限的に進めるのである。

　情報通信革命によって、工程間のシステム化や工場内、工場間、さらにはメーカーとユーザー間などのネットワーク化が進むなか、工場の形態は巨大工場から実験工場、SOHO（Small Office / Home Office）、電脳工場など多様化してきている。食の安全・安心への関心が高まり、工場野菜として注目を集め広がりつつある植物工場などは、農業と工業の融合化の端緒的な形態とみることもできる。工場はまた、ものづくりの場にとどまらず、生産サービスの場へと質的に変わりつつある。

　工場は、産業革命の頃から20世紀後半に至るまで、長らく騒音や煤塵、汚水などが充満する3K労働と非公開の世界であった。しかし、1970年代以降、住民運動や公害規制法、石油危機を契機に社会の関心や監視が強まり、公害防止技術や省エネ技術、それを支える電子制御技術などが進展して工場のクリーン度や公開性が高まり、生産者と消費者の交流さらには産業観光・地域交流の場としても見直されるなど、工場イメージは大きく変容し始めている。

近年、工場見学が「ちょっとしたブーム」になっており、多数の見学者が訪れている。「開かれた経営」は、企業が信頼を得るために重要になっており、現場で働く人も消費者の反応が直にわかることでやり甲斐を感じることができる。外部の目は、企業に有形無形の効果をもたらし、長い目で見るとプラスになるとみられる。

　さらに、工場見学をまちづくりに生かすなど、産業観光として位置づける動きも各地に出てきている。

3.3 技術の高度化・システム化と人間離れ

　工業の主役は、長らく人間（すなわち手ワザ）にあったが、大工業の出現に伴って機械にその座を奪われ、人間はわき役を余儀なくされる。しかし、システム制ネットワーク工業に基づく知識社会にあっては、再び人間が、その知的創造性すなわちその知的ワザが、主役となりつつあり、人間の全面発達が問われるに至っている。

　20世紀に登場した（人工物を対象とする）新しい科学は、制御、ネットワーク、通信などを生み出した。いずれも対象とするシステムにおいては、常に全体が重視され、結合が注目される[*104]。制御技術であるコンピュータの出現と発展は、技術の垣根を低くすると共に、ハードウェアとソフトウェアへの分離と再結合を多様な形で促し、さらに情報通信手段の発展と結合してネットワーク化をもたらし、技術融合・産業融合を進展させるなど、再結合・融合化を進める技術として注目される。

　情報通信革命は、人間の「知的」活動領域にまで浸透し、人間に固有とみなされてきた知的な諸機能をも機械とくにシステムへと転換させる。技術のシステム化に伴い、（人間の五感に基づく）技能ばなれ、いわば人間離れも進行しつつある。

　システムは、部分システムを内部に抱え込むことにより、階層構造は際限なく伸びる。システムを構成する個々の要素はよく見えるが、要素間の結びつきは見ることが難しい。「見えない世界」が広がり、社会との接点も増えて、技術が対象とするシステムは複雑さを増していく。見えない部分の比重が増し直感が

図表8 産業・工場・主役の発展と環境文化革命

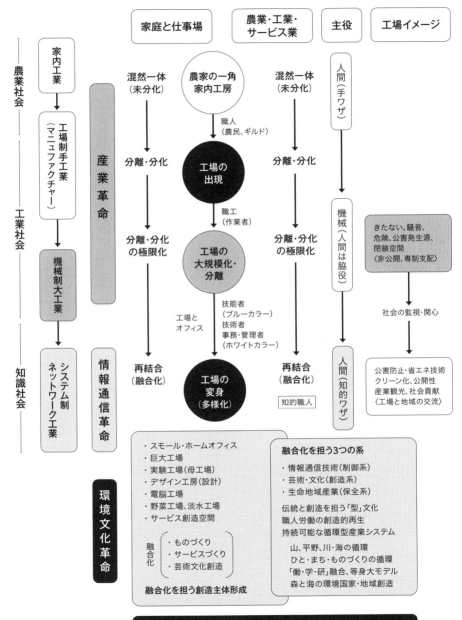

効かなくなる分、論理・数理の比重が高まる。

近年、生産現場をはじめ多様な場で「見える化」がよく掲げられているが、それほどに技術は見えなくなっているといえる。「見える化」を担うシステムも、重要性を増している。

3.4 人工知能の進化が問いかける人間の存在意味

近年、人工知能（Artificial Intelligence：略称AI）が囲碁の世界トップに勝ち越すなど、大きな注目を集めている。進化するAIを支えるのが、「深層学習（ディープ・ラーニング）」と呼ばれる技術である。アイデア自体は昔からあったが、2000年代後半にコンピュータの処理速度が飛躍的に向上し、人々の暮らしや経済活動などあらゆる場面で即時に生み出される膨大で多様な電子情報（ビッグデータ）が使えるようになって実現した。

深層学習では、データが多ければ多いほど、中間層を増やせば増やすほど、高度で抽象的な概念が理解できるようになる[*105]。

近年、植物には人間を超える多様な感覚や能力があり、「知性」（intellect）をもっていることが明らかになっている。そこでの「知性」とは、「生きている間に生じるさまざまな問題を解決する能力」を意味する[*106]。人間や動物の視点に留まらず、植物や人工物を含む多様な視点から「知性」「知能」を捉え直すことが求められている。

人工知能（AI）の急速な進化がみられるなか、「知能」（intelligence）とは何か、「学習」とは何かが問われている。

「知能の定義は、定義する人の数だけある」ともいわれ、定番はない。厳密に「経験したことのない、未知の事態に遭遇して、その場で問題解決のアイデアと具体的な手法を発明、考案し実践し、それを証明する力」と定義すると、現在の人工知能はその水準に達しているかどうか見解が分かれよう。少し幅広く、「知的なふるまいをするソフトウェア」との緩い定義もあり、それに基づく人工知能の分類もなされている[*107]。

深層学習における「学習」は、人間の学び方と比較すると、どのような特徴があるのか。それを探ることは、人工知能とは何かをより深く知る手掛かりにな

るとみられる。

　人間の学習は、次のような特徴がみられる。まず、視覚、聴覚やその他からの外部情報を学習材料として取り込む。既存の知識や、知識を得るためのメタ知識、常識を駆使して、新情報の統合を図る。既存の知識だけでは統合、理解がうまくいかないとき、意識しながら論理的、感覚的に捉え直し、その帰結として新しい知識がもたらされ、それに基づいて解釈、理解する仕組みが働く。そのプロセスや働きは、一様ではない。その人その時の願望、情報への信頼、その他の懸念、意識的・無意識的な競争・忠誠・愛など、さまざまな状況によって大きく左右される。

　一方、ディープ・ラーニングは、人間があらかじめ与えた正解に基づき生データおよび別の生データとの対応関係をトレーニングする。「正解」を出せずに失敗したときには、正解に至る確率を上げるべく各層間の結合線上の重みを調整する、というやり方で学習が進む。「学習」というよりも、「調教」あるいは「トレーニング」により近い。自律的な人工知能の実現のハードルは、なお高いとみられる。

　AI研究は、2つの流れに大別される[*108]。1つは、人間の脳と同じふるまい、原理のAIをめざすもので、「強いAI」と呼ばれる。人間と同じように、自らの存在を意識し、物事に対して感情と理性で考え、判断し、行動するAIを、可能ならば人間と同じ仕組み、原理で実現させようという研究である。

　2つは、人間の能力を補佐・拡大するのに役立つ（いわば道具としての）AIをめざすもので、「弱いAI」と呼ばれる。本来機械が得意な能力を、もっと人々が活かしやすく使いやすくするために、自然言語などに人間的なインターフェース、流儀を機械に学ばせようという、実用志向のアプローチである。道具は本来、誕生した瞬間から人間の能力を超えている。それゆえ、道具としてのAIが「いつ人間の能力を追い越すか」という質問自体、あまり意味をなさない。

　急速な進化がみられる人工知能（AI）は、人間の知能レベルを超える人工超知能（Artificial Superintelligence：略称ASI）の出現をも予感させる。2045年にAIが人知を超える「シンギュラリティ（特異点）」を迎える（レイ・カーツワイル）との予測も出されている[*109]。

　「生物のように自己を進化させる特異点」（もっと曖昧に「ヒトの能力をAIが超

える点」）をシンギュラリティとする主張に対して、次のような反論もみられる。

ダーウィンの自然淘汰説が原則正しければ、生物は自分で自分を改造したり進化させたりしない。ヒトでさえ、その進化の原理も解明、獲得できていない。人間の手を離れて自立できるAIプログラム自体をつくれる目途は、立っていない。量的変化が自動的に質的変化を生むとは考えにくい[110]。

いずれにせよ、AIは、社会や国家、経済を揺さぶり、歴史にまで大きな影響を及ぼそうとしている。コンピュータは、これまで単純労働やルーチンワークを代替してきたが、今や知的能力を必要とする仕事にまで及びつつあり、広範囲な仕事がAIに取って代られつつあるといわれる。人間向きの仕事の多くは、倫理観に由来する価値判断や感覚、感性、美意識を活かしたものになり、AIにできない「創造的な仕事」がメインになる。それは、「なぜ？」という疑問をテコに、問題を発見し、AIなど新旧のツールを駆使しながら解決しようとする営みから生み出される。

食・性・安全という3つの基本的欲求はほかの霊長類にも共通するが、純粋な意味での好奇心すなわち知的好奇心は、人間にしかみられない第4の欲求といわれる。「なぜ？」という問いかけは、優れた言語能力を身につけたボノボ（ヒト科チンパンジー属）にも決してみられない。「なぜ？」という問いかけは、人間らしさの証であり、知的好奇心のコアをなす[111]。AI（いわゆるIOT）社会を生き抜くには、人間の本質的特徴を発揮することが求められる。

AIの進化をめぐって、楽観論と悲観論が噴出している。人間が担ってきた厄介な作業や深刻な問題をすべて解決してくれて、未来はバラ色という楽観論がある。他方、悲観論は多岐にわたる。人間から次々と仕事を奪うし、AI兵器は核兵器と同じように深刻な安全保障問題を引き起こす。AIが制御不能に陥る可能性も少なくない。ASIは、人間の手を離れて急速に自己進化し、やがて人間を絶滅に追いやると警鐘を鳴らす[112]。

情報通信技術のみならず遺伝子など最新技術をも媒介に、地球環境破壊と人間疎外はむしろかつてないほど深刻な状況で、まさに地球レベルでの臨界点に直面しつつあるといえよう。技術の高度化・システム化さらに人工知能の進化は、人間とは何か、知性とは、人間らしさとは、人間の存在意味とは何か、といった根源的な問題をも突きつけているのである。

5

持続可能な循環型産業システムと環境文化革命
―― 日本型モデルの創造に向けて

1. 環境文化革命と人間志向型技術進歩への パラダイム・政策シフト

1.1 人間らしい創造性と環境文化革命

　AIは、人間がとても扱えないような膨大な量のデータを読み込み、一定の目的に向けて統計的な学習則を適用する。問題が設定されれば、学習機能を備えたプログラムに基づき迅速に遂行し、組み合わせは膨大な数に上っても有限個である限り、「解」を示すことが可能になる。

　しかし、前例がないことはできない。現実の場合、起こりうる状況は有限個ではなく無限にありうる。無限にあるものを事前に想定しプログラム化するのは困難である。

　一方、人間の脳は少ないサンプルから本質を抽出し、そこから学んでいく。知らないことに当意即妙に反応するような「直観」を持ち、どの問題がなぜ重要かを見分けることができる。初めて知ることや創造に、喜び・やりがいを感じる。創造とは何かという根源的な問いに対して、AIという鏡をつくることで新たに問い直しているといえる。

　ひととしての深い危機感は、人間らしい働き方、創造性、創造的活動への欲求を喚起し、それを高める産業や労働への希求を促さざるをえない[*113]。

　AIに「仕事を奪われる」危機は、AIにはできない創造性ある仕事づくりとそれを担うひとづくりを死活的な課題として浮上させているのである。

　歴史的に俯瞰すれば、工場と家庭、労働、産業は、大工業の資本主義的な発展のなかで分離・分化を極限的に進めるが、他面では再結合する契機と手がかりをもつくりだす。大工業と農業は、資本主義的な発展のもとで有機的なつながりを断たれ、対立的な関係を余儀なくされるが、両者の対立は都市と農村のいずれの人間（労働力）をも疲弊させ疎外させる。いかなる進歩も、自然と人間の「豊度の不断の源泉を破壊することに進歩」として現れる。

　大工業は、その死活的な課題として、農業と工業を再結合させ「一つの新しい、より高い総合」を進めことを求めるに至る[*114]。今日的に言えば、地球的自

然（人間をも含む）を保全し活かす方向で、農業と工業さらにサービス業の高次な総合いわばシステム化を進めるべしということになろう。とくに山・平野・海のバランスのとれた発展、人間との豊かな関わりを再生するシステムの再構築が問われているのである。

　それは、まさに環境文化革命にほかならない。資本主義的な疎外された分離・分化から、人間的な再結合・融合化への転換は、それを担う職人労働の現代的再生が欠かせない。現代的な職人とは、伝統的な職人労働が培ってきた（ものづくり・サービスづくりの）熟練技能と問題解決能力、ならびに良い仕事に徹する倫理・人格を兼ねそなえた、知的職人のことである。

1.2 生命地域産業を軸とする「森と海の環境国家」創造に向けて

　産業・労働・生活における再結合・融合化の流れは、図表8にみるように情報通信技術（制御系）、芸術・文化（創造系）、生命地域産業（保全系）という3つの系で現れつつある。

　とりわけ、生命地域産業としての農林水産業の振興・再生は、国土・地域の環境保全および「山・平野・海」が相互に支え合う持続的発展に欠かせない。人類の文明を育んできた森は、平野のみならず川や海をも育んできた。森は、川を経由して、海に（海洋中の生物には必須の）鉄分を供給している。森林の腐植土は、生物が吸収しやすい鉄分を豊かに含んでいるからである。大陸棚から海岸までの、内湾や内海を含む「沿岸海域」は、流入する淡水、浅く複雑な地形、人間活動の影響によって、特徴づけられる。

　森林の破壊は、大地の砂漠化を進め、国さらには文明の衰退とも深いかかわりをもつが、近年における「海の砂漠化」いわゆる「磯焼け」は森林の破壊によるものといわれる。海は、鉄に飢えている。それを1980年代に、世界で初めて提示したのは、米国のマーチン博士である。

　日本の沿岸海域は、1,000kmにわたり海藻も育たずそれゆえ魚介類も生育できない不毛の海と化している。森が伐採され、残った人工林も適切な管理がなされず、さらにダムが建設されて、河川からの豊かな腐植土が海に届かなくなったことが原因とみられる[115]。

森林は天然のダムでもあり、防災効果を上げつつ川や海に栄養素を供給し、植物プランクトンや海藻類を育てるなど豊かな漁場を通して地球温暖化の抑制効果を高めるのである。

　近年、漁民が森を育て漁場を再生させる「森は海の恋人」運動[116]の全国的な広がりが注目される。産業と地域を越えて、農業と工業・サービス業との融合および農山漁村と都市の住民の多様な協働を如何に創意的に進めていくかが問われている。

　21世紀日本のめざすべきビジョンとして、「森の環境国家」が提唱されている[117]。森の文化が日本人に活力を与え元気を取り戻させる源であったからである。一方、森の中で誕生し稲作を生業としてきた日本は、四方を海に囲まれ世界有数の長い海岸線と豊かな漁業文化を持つ海洋文化国家でもある。それゆえ、森と海の融合・再生をリードする「森と海の環境国家」がよりふさわしいのではなかろうか。

　21世紀の環境文化革命は、農林水産業を生命地域産業として位置づけ、文化的な労働と生活を創造しつつ農業と工業・サービス業の高次な融合を推進する。さらに、森と海の再生と循環、共生と融合の視点から改革を進め、そうした良循環モデルを担う主体としての全面的に発達した人間の形成を求め促す。

1.3 技術進歩のあり方と人間発達

　技術の発達は目を見張るものがあり、多くの恩恵をもたらしてきたが、一方ではそれをも上回りかねない負の側面（弊害や危険性など）も出てきている。その技術を、いかに制御するかが問われている。これまで、技術は人間が産み出したものだから、人間の理性によってコントロールできるはずとみなされてきた。

　しかし、現代技術にみる巨大化・微細化・高速化・高精度化は、技術のブラックボックス化を促している。さらに、技術「進歩」のスピードアップにより、経験による検証が難しくなる中、「技術暴走」の懸念も出てきている。

　とどまることを知らないバイオテクノロジーの発展は、人間が動物に手を入れ

ることはどこまで許されるのかといった問題をも突きつけている。動物と人間の付き合いは、長く幅広い。家畜を飼いならしてきた歴史は長いが、今や数年、場合によっては数日で、それまでになかった新しいタイプの命を生み出すこともできる。遺伝学や電子工学、コンピュータ技術を用いた利用の進展はすさまじく、有用性と倫理的観点の間のせめぎ合いが続いている[*118]。

　技術は、常に未知の部分をつくりだし、それを内部に取り込みながら発展する。生産技術は、ものをつくりだすプロセスにおける未知との闘いであり、その目的は不確かさの克服にある。パーツだけを見て、よかれと思って操作を加えると、結果として全体のバランスを崩すことも少なくない。技術は、その力強さゆえに、使用前に使用後を完全に想像することが難しいのである。新しい技術が生み出す不調和は、既成の価値観を揺さぶり、新しい価値観の獲得を促す[*119]。

　今や、技術の論理は人間とは異質なものとして、畏敬の念を持ちつつ用心して向き合うという姿勢が不可欠になっている。等身大の技術、スロー・テクノロジーが注目されつつあるが、人間は本質的にスローな生き物である。ゆっくり育ち、学び、ゆっくり老いる。そして、何ものにも専門化・特化しない「自由」ゆえの弱さと発達可能性を併せ持つ。

　高度なシステム社会にあって、システムのあり方も問われている。システムは、人間の五感によって制約を受ける「技能」を、客観性のある「論理」によって置き換えようとする。論理は、システムを形づくる要素を結びつける「きずな」となる。しかし、その論理を見出すのも、人間である。論理は、機械を結びつけるだけでなく、機械と人間を結びつける媒体ともなる。さらには、人工社会と自然をより深く結びつける媒体として発展させていくことが求められている。

1.4 持続可能な地域づくりと相互支援ネットワーク

　グローバルかつ切実な課題となっている「持続可能な発展」とは、「持続可能な人間発達」にほかならない。人間の五感を磨き、地球的自然とくに山・平野・海のバランスのとれた三位一体の発展、人間との豊かなかかわりを再生する技術、システムが求められている。

　21世紀日本各地の避け難い縮図とみられる「限界集落」の再生には、山・

平野・海という川の流域の支え合いが欠かせない。水源の集落が荒廃すると、人工林が荒れ、表土が流出して川・海に沈澱し、(魚介の生息環境を破壊する)磯焼けが起こる。山・平野・海は、川を軸にシステムとして有機的に結びついており、自治体の枠を超えて上流・中流・下流の住民が相互に支援し合うネットワークづくりが欠かせない。働ける場づくりも含めて、人間と自然を複眼的に捉え、地域を再生していく人材が求められている[*120]。いわば21世紀版の知的職人である。

人間環境危機の下、自然との共存と人間発達のあり方について、技術進歩のあり方と関わり方をも問いつつ、統合的にどのように掴むかが問われている。

2. 持続可能な循環型産業システム
—— 地域・産業・生命・時間への人類史的視座

2.1 人類史的なマクロ視点と現場に根ざした等身大の視点

世界的に「持続可能な成長」が困難さを増すなか、「成長」とは何か、「持続可能な社会とは何か」があらためて問われている。

そこで、定常化社会や脱成長、ポスト資本主義などの議論をふまえ、人類史的なマクロ視点から「持続可能な産業・地域づくり」を捉え直す。さらにズームインして、等身大の視点から、自然・地域・共同体への関わりの変化、すなわち離脱(「離陸」)から「着陸」への新たな流れ(いわば「静かな革命」)に着目し、現場に根ざした「働・学・研」融合型の産業・地域づくりにアプローチする。

2.2 持続可能な社会への人類史的眼差し

人類史において、2千年は一瞬にしか過ぎない。もし、その間、経済成長が続けば、人類の生産力と地球の自然再生能力とのバランスはどうなるか。

2千年後の生産力規模は、年率0.007％の経済成長で百万倍に、年率２％となると１億６千万×10億倍になるという[*121]。

　有限な地球にあって、生産力が自然再生能力を凌ぐに至った今も、人類は経済成長に躍起となっている。まさに経済成長パラダイムそのものが、人類の存亡をかけて根底から問われている。

　「持続可能な発展」あるいは「脱成長」をめぐる議論が切実さを増す中、定常化社会論への関心が高まっている。人類史的な視点や情報化、高齢化、人口定常化などの観点を加え、量的成長からの脱却をめざす研究[*122]は、「持続可能な社会」に向けての新たなアプローチとして注目される。

2.3 定常指向と三位一体の地域・産業システム

　脱「成長・拡大」すなわち「定常化社会」への巨視的な眼差しは、現場に根ざしたミクロ視点からの循環型産業・地域づくり論[*123]と深く共鳴・連動する。「限りない拡大・成長」というパラダイムが根底的に問われ、その対極にある「定常」コンセプトが、地域・産業の現場視点から見直され始めている。

　十名［2012.7］では、数百年のスパンで、産業・工場の発展と変容、その過去・現在・未来を、環境文化革命の視点から捉え直し体系的に提示した。さらに、生命地域産業としての農林水産業の振興・再生による山・平野・海の三位一体的な保全と活用、それを担う主体としての現代的職人すなわち知的職人像を示した。「図表９　山・平野・海の循環型産業システム」は、それをデッサンしたものである。

　産業は、ひとびとの労働と生活に関わり、それらを包括する広い概念である。産業は、ものやサービスを生産・供給するための活動であり、農業的産業（コーリン・クラークの第１次産業）、工業的産業（第２次産業）、サービス産業（第３次産業）からなる。前２者（第１次・２次産業）は、ものづくり産業として一括でき、サービス業と対置される。産業には、そうした機能的側面だけでなく、それらの活動に関わるひとびとが職場や生活の場で織りなす働き様や生きざま、すなわち文化的側面をも含んでいる。ものづくり、ひとづくり、まちづくりにまたがる活動といえる。

図表9　山・平野・海の循環型産業システム

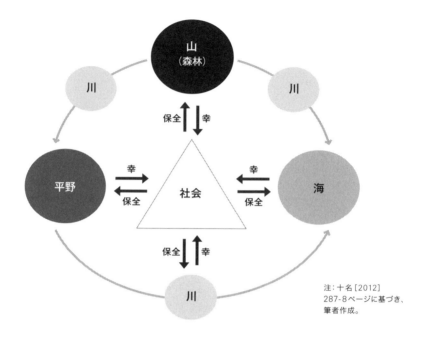

注：十名［2012］
287-8ページに基づき、
筆者作成。

2.4 循環型産業システムと金融循環のあり方

　循環型産業システムを構想するにあたり、岸田一隆［2014］の「3つの循環」論に注目したい。自然（物質・エネルギー）循環、産業循環、金融循環という3つの循環システムとして捉えるアプローチは斬新で示唆に富むが、問題点もみられる。

　第1に、「産業」が金融と同次元で捉えられていることである。

　産業は、包括的な概念であり、生産および金融も含まれる。それゆえ、「金融循環」と同次元に位置するのは、「生産循環」であり、「産業循環」ではない。

　したがって、産業循環は、（自然循環、生産循環、金融循環という）3つの循環を包括するものとして位置づけることができる。

　第2に、3つの循環の基本要素が、統一的に捉えられていないことである。

　自然循環と「生産循環」の基本要素は「消費」「再生」「生産」「人工的再生」

としているのに、金融循環の基本要素は「金融システム」としており、うまく照応していない。

　そこで、次のように捉え直す。産業循環は、3つの循環（自然循環、生産循環、金融循環）からなる。各循環の基本要素は、自然システム、消費システム、生産システム、人工再生システム、金融システムから構成される。それらを統合するのが、循環型産業システムである。それを図式化したのが、「図表10　循環型産業システム」である。

　ものづくりを「経済の骨格・筋肉」とみれば、金融は「経済の血液」に相当する。金融システムの機能は、資金の流れを効率的にさせることにある。「血液」のサイズも、（生産循環という）「身体」に見合う規模にとどめるのが本来のあり方であろう。

　3つの循環は、今やバランスを大きく崩すなか、地球の環境容量を踏み越え、深刻な環境破壊をもたらしている[124]。とりわけ金融循環については、1980年代以降にアメリカ主導でつくられた電子・金融空間が、実物経済をはるかに凌駕するマネーが徘徊するなど肥大化し、実部経済を大きく歪めている[125]。巨大バブルの後始末は金融システムの危機を伴うので、公的資金が投入され、そのツケは国民に及ぶなど、国民生活へのダメージを深刻なものにしている。バランス回復を図りつつ、持続可能な循環型産業システムにどうつくり変えていくかが問われている。

　また、国家依存型の巨大技術で、生命にとって脅威の放射性物質を産み出す原子力発電は、人類にとって実に厄介な存在である。高レベル放射性廃棄物は、ウラン鉱石と同レベルまで低下するのに10万年の歳月を必要とする。まさに、一方通行型産業システムの典型をなし、循環型産業システム（とりわけ自立を促す再生可能エネルギー）の対極に位置する。近年、太陽光発電技術など再生可能エネルギーに大きな発展の潜在力があることが明らかになってきている[126]。

　一方通行型産業システムから循環型産業システムへと変えていく要に位置するのが人工再生システムであり、その発展のあり方が喫緊の課題となっている。

図表10 循環型産業システム

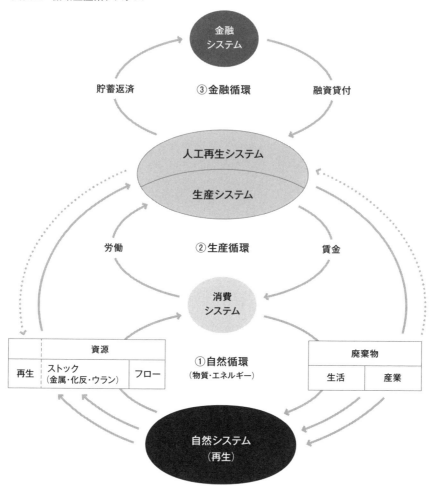

- 3つの循環
  ①自然（物資・エネルギー）循環と自然再生システム ：狩魚・採取社会
  ②生産循環と生産システム（＋人工再生システム） ：産業社会
  ③金融循環と金融システム ：金融社会
- それらを統合する産業システム
- 地域内および地域外を含む循環型産業システム（地域概念は伸縮自在）

注：岸田一隆［2014］46ページを参照し、筆者作成。

2.5 ［時間］価値をめぐる評価と政策

「時間」は、「環境問題」として捉えることができる。現代人の時間の流れは、縄文人の（40倍のエネルギー消費のもと）40倍のスピードになっている。そうした時間の速さに、現代人は身体的にもついていけなくなりつつある。時間環境をゆるやかにすることで、エネルギーや資源消費も減り、「社会の時間が体の時間と、それほどかけ離れたものではないようにする」ことも可能になるという[127]。

ヨーロッパで近年みられる「時間政策」は、個々人の労働時間を減らすことで、生活全体の「豊かさ」を高めつつ、社会全体の失業率を減少させる考えからとられるようになった政策である。例えば、ドイツで90年代末から導入された「生涯労働時間口座」は、超過労働時間分を貯蓄しており後でまとめて有給休暇として使うことができる仕組みである。

市場は、金融市場などに典型的にみられるように、「短期」の時間軸で物事を評価する。そのため、より長い時間軸で評価されるべき財やサービス（例えば、農林水産物や森林などの自然環境、介護サービスなど）は、その価値が正当に評価されず、低い価格づけとなったり使い尽くされたりするなど、時間をめぐる「市場の失敗」は、農業分野と介護・福祉分野に共通してみられる傾向がある。

市場経済は、そのベースにコミュニティ、自然といったより「長期」の時間軸に関わる領域が存在している。それらを正当に評価せずに危うくさせていけば、自らの存在基盤をも失うことにつながる。

経済成長は「スピードが速くなる」ことと重なり、富の生産などの経済指標も「単位時間当たり」の量で計られてきたが、今や、人々の消費は「時間」そのものの享受（すなわち「時間の消費」）に向かっている。生産性概念の根本的な見直し、すなわち労働生産性（「時間当たり」）から環境効率性や資源生産性（「資源（環境）当り」）への転換、が問われている[128]。

2.6 "Time is Money"から"Time is Life"へ
――生命の生産と再生産への歴史的視座

"Time is Money"（「時は金なり」）は、ベンジャミン・フランクリンの格言とさ

れる。時間は貴重なもので、お金と同じように大切な価値があるから、浪費することなく有効に使うべし、との戒めである。

「時間と金銭は等価（時間＝金銭）」の思想は、資本主義の精神ともいわれる。その後、金融資本主義の時代になると、金銭は時間よりも価値がある（時間≪金銭）とみなされるようになる。「金銭が目的で時間はその手段」とみなす、金銭万能思想が蔓延する。

それは、人間の条件の軽視さらには否定にもつながる。富と貧困の格差、地球環境破壊、人間疎外が極限的に深刻化するなか、時間の価値をどう捉え直すかが根底から問われるに至っている。

経済成長優先社会の中で軽視されてきた「生命」に光をあて、植物種や動物種など人間以外の生命との共生も図っていく必要がある。

フリードリヒ・エンゲルス［1884］は、「生命の生産と再生産」を「歴史を究極において規定する要因」と捉えた[129]。近年ラテンアメリカにおいても、生命の生産と再生産を中心価値に置く先住民族の社会運動と世界観がボリビアやエクアドルの憲法に織り込まれる状況がみられる[130]。

時間は、生命と生活（すなわちLife）と深く関わる。生命の時間と場所は、自然から与えられたものである。時間が有する多様かつ深い価値（Life）をしっかりと洞察し、「時間」の評価と政策を根本的に転換することが求められている。

時代は、"Time is Money"から"Time is Life"へ、すなわち「時は命なり」への転換を死活的な課題にしているといえよう。

3. ひと・まち・ものづくり産業システムと日本型モデル

3.1 生業によるひと・まち・ものづくり

産業の文化的側面に注目すると、生業として、地域の伝統として継承してきた産業地域では、それらの力量がひとからひとへと伝えられ、継承・発展して

いく構図が浮かび上がってくる。農業中心地域であっても、地域固有の伝統技能を継承しつつ、新技術を学習して創意工夫、独創によって高い競争力を産み出す人材が育つ。このような人材が各地に移住し、交流する中で、都市や地域社会が維持される。

つまり、ものづくりは、ひとづくりにつながり、まちやむらを再生する動きへと波及する。それは、産業本来の意味からすれば、自然な傾向ともいえる。生業として、各地の人々が熟練を継承し、技巧を高め、独創性を発揮していくことが、自然と共生し、ひとびとが学び合い育ち合いながら、まちやむらをつくる基礎となる。

機械力に任せきりの量産型の大量消費・大量廃棄型産業社会を変えていくには、産業の主体を、機械から「熟練・独創性・技巧に長じた人材・あるいは人間」へと転換させることが求められている。

3.2 ひと・まち・ものづくり産業システム

ものづくりは、各地域の第1、2次産業を含む物質的な生産過程を通して行われ、ひとや地域との多様な関わりを媒介にして、ひとづくり、まちづくりを促す。

しかし、ひとづくり、まちづくりの概念は、これまでの産業論には入っていない。それは、ひとびとが継承してきた伝統的な技や文化などの存在が視野に入っていないことを示唆している。そのため、現代の複雑かつ多様な産業・地域像を深く包括して捉えることができない。ものづくり、ひとづくり、まちづくりを有機的につなげ産業システムとして捉え直すことが求められている。

ひとづくり、まちづくりとも深く関わる第3次産業すなわちサービス業は、拡大の傾向にあるが、それを職業別就業者数や比率の増加としてのみ把握することは、一面的であろう。そこにおいても、地域固有のサービス事業が存在しており、伝統文化を継承する人材が、まちやむらの基礎をなす人口として大きな意味を持つ。また、大都市などに集中してきた専門職者のサービス、研究開発、医療・看護、芸術、学術などの領域でも、それぞれの地域における伝統を継承し、創造的に発展させる志向が生み出されている。

世界的な産業研究の流れからみると、現代産業を、ものづくり、ひとづくり、まちづくりの総体として把握する方向性は、創造都市や創造農村などの研究として発展しつつある。

一方、米国発の現代産業論、その到達点の1つとみられるマイケル・ポーターの産業クラスター論は、産業と地域を一体として捉え、コンテンツや研究開発など創造的なサービスいわば無形財の生産・供給を中心にしたマネジメント論である[*131]。ひとづくり・まちづくりは注目されるも、ものづくりについては、工業製品がグローバル調達の対象とされるなど、視野にほとんど入っていないとみられる。

3.3 21世紀型「地域創生」のあり方——水平型の循環システムづくり

これに対して、日本の各地には、農林漁業、製造業、サービス業の密接なつながりが、厳しい中にも存続してきた経過がある。そうした日本産業のあり方を、産業システムのモデルとして位置づける可能性についても注目したい。

この3者すなわち第1、2、3次産業は、分業体制やヒエラルキーの関係としてではなく、重層的に積み重なり相互補完的に共生する水平型の産業システムとして捉えることができる。「地域創生」というキーワードには、そうした水平的な良循環をつくりだすというメッセージが込められている。それは、政府の掲げる「地方創生」というスローガン（中央と地方というタテ型アプローチ）とも一線を画するものといえよう。

「地域」概念には、水平的な広がりと多様性・伸縮自在性が含まれており、「首府以外の土地。田舎」の意味合いが強い「地方」とは区別して捉えたい。むしろ、多様な国土を有効に活用すべく、地方分権に基づく水平型システムへの転換、いわばタテ型に偏した国のかたちを変え地域の知恵を引きだす、という21世紀型「地域創生」が問われている。

3.4 産業システムの日本型モデル

地球上に生きる生物は、人間も含め、有形の自然（およびその変形としての人

工物）に支えられ、それを抜きにしては存在しえない。ものづくりは、人間社会の土台をなすものである。

　とりわけ日本では、「治山治水」といわれてきたように、山や川が荒廃すると、狭隘な平野での営みも根底から脅かされる。都市の安定のために農山村の機能が必要で、農山村の安心のために都市機能の発揮が欠かせない。日本の地域・風土そのもの、そして人々の多様な産業的営みが、農業・工業・サービス業の、農村と都市の、有形財と無形財の、さらには山・平野・海の、有機的なつながりを求めているのである。

　ここに、生産と地域の現場に根ざし、有形財と無形財にまたがり、ものづくり・ひとづくり・まちづくりを三位一体化しシステム的に捉える、産業システム論が求められている。

　有形財と無形財を統合して捉える視点は、「型」の包括的な定義（十名［2008.4］）をふまえたものである。さらに、システム・アプローチにより、ものづくり・ひとづくり・まちづくりの三位一体的なつながりの中で捉え直した（十名［2012.7］）。しかし、自らの職場体験・現地調査研究といった現場検証には制約も少なくなく、政策的な展開、それらもふまえた理論的な洗練化、などの課題も抱えていた。

　十名編［2015.3］『地域創生の産業システム』は、こうした課題と向き合い、ものづくり・ひとづくり・まちづくりを3層構造として把握し、産業システムとして捉え直したものである[*132]。

6

知的職人による等身大の
ひと・まち・ものづくり

1. 等身大の循環型産業・地域づくり

1.1「**等身大のシステム**」づくり

　本書では、「等身大」という言葉に注目し、キーワードの1つとして位置づける。「等身大」とは何か。一般的には「身の丈と同じ大きさ」の意であるが、「人間の五感と洞察力でその全体像とポイントがイメージできる水準あるいは範囲」（十名［2012.7］）として捉え直している。巨大・集中・中央ではなく、小規模・分散・ローカルなイメージとつながる。

　「型」論（とくに無形の「型」論）は、人間の五感と洞察力で捉えようとするところにポイントがあり、「等身大」の理論といえる。「型」はシステムの一部であり、等身大のシステムでもある。システムは、不断の階層化に伴い複雑化・技能離れも限りなく進行する。一方、「型」は、不断の凝縮化・シンプル化を通して、現代に生き続けている。限りなく複雑化する高度システム化の時代であるゆえ、等身大で捉え直し人間が制御できるようにする「等身大のシステム」づくりが切実に求められている。その課題を担う「型」論の現代的意味もそこにある。

　本書の技術の捉え方は、シューマッハー［1973］の「人間の顔をもった技術」「中間技術」論と深く共鳴する。シューマッハーは、（現代技術に特徴的な）生態系を破壊し、再生不能資源を浪費し、人間性をむしばむ大量生産技術に対し、分散化を促進し、エコロジーの法則にそむかず、人間に寄り添う「中間技術」を対置する。技術に「直接性と簡素さを取り戻す」、「人間の背丈の合わせる」、「一般の人たちの目に見え、手の届くものにする」ことを提案する。それは、「いっそう複雑にするより難しい」という[*133]。

　ものづくりにおいて、IoTやAIに代表されるようにIT化、システム化が急速に進行するなか、企業や社会はより複雑で高度なシステムづくりに偏る傾向も少なくない。

　例えば、自動車の世界では、自動運転車に代表される新規システム開発が国際競争のキーワードの1つになっている。どのような自動運転システムが運

転者にとって社会にとって最適な開発か、が問われている。そこでの最重要な命題は、運転者である人間とシステムの判断・操作が相乗効果を発揮できるシステムとは何か、である。システムの判断・動作が運転者や同乗者の感覚と大きく異なる場合、人間のパニックにつながりかねないからである。どのような道路事情、天候状態などにおいても然り。それこそが、「等身大のシステム」開発にほかならない[*134]。

それは、他の複雑系システムでも同様とみられる。目的を達するためには、システムを複雑化することは避けられないが、等身大のサポートシステムの設定など様々な知恵と工夫がかつてなく問われている。

1.2 ひと・まち・ものづくりを担う組織の役割と課題
──企業組織と社会・地域組織間にみる相克から共鳴への歴史的視座

1 ▶ 企業組織と社会・地域組織

技術の流れは、情報技術が促す重厚長大型から軽薄短小型への大転換、トフラーのいう農業革命=分散小規模型から産業革命=大規模集中型さらに情報革命=小規模分散ネットワーク型へという歴史的変化の中で捉えることができる[*135]。

企業や社会・地域の組織やあり方も、上記の流れと深く関わる。

組織を、資本、労働、土地とともに第4の生産要素として位置づけたのは、A.マーシャル［1890］の独創性である。組織という概念は、従来の経済学で取り上げられてきた「多様な人間関係や集団としてのまとまり」を、「人々が構成する組織」として表現するとともに、組織ごとの個性や多様性をも表現する可能性を切り拓いた[*136]。

今や、産業の基本単位としての企業組織と、企業の外部経済と呼ばれる地域組織や社会組織との関係をどのように把握するのかが問われている。さらに、人間と組織の関係を原点に返って捉え直すことが求められている。なお、「内部経済」・「外部経済」の概念は、マーシャルによって提示されたものである。企業の資金調達能力、経営能力、組織の効率性など、企業内部の固有の特性から生ずる利得のことを内部経済と呼び、個々の企業を取り巻く外部の状況、つ

まり産業全体あるいは国民経済全体の発達などによってもたらされる利得のことを外部経済と呼んだ。

企業組織は、市場における競争原理や企業の利益最大化への誘因に絶えずさらされる場である。内部経済を担う企業組織において、ひとは「もの」として扱われる可能性が高い。

ものづくり（主に製造）を担う機械制大工業の量産型経営下では、産業官僚組織が発展するなか、その傾向が顕著に見られ、ブラック工場の極致ともいえる「疎外された労働」を生み出す。そして、それを抑制し改善するために「工場法」などの社会政策が法的に整備されていった。「工場法」が生み出す新たな可能性は、19世紀中頃の工場査察官たちが見出したものであるが、それを全面的な人間発達論として捉え直したのは、K.マルクス［1867］の慧眼である[137]。

しかし、厳しい生存競争のもとでは、たえず空洞化を余儀なくされる。その結果、機械のリズムに人間がより深く従属させられ、人間疎外を拡大・深刻化させていく。

この難題とジレンマに挑戦したのが、マーシャルの組織論である。商品や経済資本など「経済を動かす「もの」」を主体とする従来の経済学から、人間を主体とする「ひと」が「もの」を制御するという関係、すなわち人間主体の認識への転換を探求する[138]。

企業内部に官僚制が台頭し、企業内で自由な人間的成長を実現する上での障害が生まれる可能性に言及したのが、マーシャルである。これらの危険な傾向は、規模の経済を実現する重厚長大型重化学工業の膨張によって支えられてきた。

2度にわたる世界大戦が終了しても、大不況のたびに、過剰設備問題が負担となり、ケインズらの有効需要政策が浮上する。マーシャルらの企業組織の変化に注目する主張は、長らく説得力を失ったかに見えた。

2 ▶ 情報革命と社会・地域組織の充実が促す企業組織の変革

この傾向を大きく変えたのが、1980年代以降に顕著な情報技術革命の急激な進展である。この技術は、コンピュータと電気通信技術を結合して、軽薄短

小型で、多様なニーズに応えうる高性能な機械技術を生み出し、多品種少量生産システムによる中小規模経営を再生した。

トフラーは、情報革命を、農業革命、産業革命に次ぐ第3の革命と捉え「第3の波」と表現した。企業経営も、官僚組織のような固い組織から、ネットワーク型の柔軟な組織へと転換せざるを得ない。

しかし、企業の多くは今も、国家的な産業政策が主導する機械体系のためのフレキシビリティと労働力流動化・不安定化の世界にとどまる。地域組織や社会組織のサポートによって、人間発達の場へと転換することが求められている。産業においても、産業間相互生存競争の場から産業・芸術・学術の融合による創造産業化・総合化と公正競争の場への転換が展望される[*139]。

そこで重要な役割な役割を担うのが、地域組織や社会組織である。両組織は、自然と共生しつつひとびとの学び合いや分かち合いの関係として、長い歴史をかけて形成されてきた場でもある。外部経済は、社会の共通基盤として、倫理、法やルール、交通や通信の基盤を企業組織に提供している。内部経済は、企業相互の複雑な関係を含みつつ、外部経済における社会的な共通基盤の形成によって影響を受ける。

ものづくりの多くを担う企業組織、ひとづくり・まちづくりと深く関わる社会組織・地域組織は、ながらくバラバラに分断統治され、疎外された状況を余儀なくされてきた。これまでの疎外された関係から、相互の強みや特徴を学び合い生かし合う三位一体の関係へどう転換していくかが、根底から問われている。

本章で取り上げる、ひと・まち・ものづくりを創意的につなげる4つの産業地域モデルは、企業組織、地域組織、社会組織が分断・疎外関係から有機的な連携・共鳴関係へと転換するプロセスとそのダイナミズムの一端に光をあてたものである。

その1つが、グローバル経営下で企業城下町（強固なタテ型システム）からの脱却を図る、ひたち地域の創意的なヨコ型ネットワークづくりである。2つが、東京から始まった中小企業（製造業）と工業高校との連携であり、それによる「ものづくり」教育再生のドラマである。3つが、東大阪における住民・企業・行政の協働による住工共生と中小企業支援の一体的展開であり、先駆的なモデルとして注目される。4つが、固有の風土・歴史・文化を活かした6次産業経営を

軸とする離島（周防大島）再生のドラマである。

2. グローバル経営に揺れる企業城下町のヨコ型ネットワークづくり

2.1 ひたち地域の産業・歴史・文化

　茨城県の大部分は、かつて「常陸国（ひたちのくに）」といわれ、古来より多くの人々が豊かに暮らしてきた。約1,300年前に編纂された『常陸国風土記』には、「土地広く、土が肥え、海山の産物もよくとれ、人々豊かに暮らし、常世の国のようだ」と記されている。「ひたち」の呼称から、歴史的には「常陸国」の「常陸（ひたち）」を想起する人も少なくなかろう。

　中世においても、この地域には有力な武将が居を構え、近世の江戸時代には、水戸藩や土浦藩等の諸藩や天領が置かれた。近世には、全国的に多種多量の物資が水陸交通を介して流通するなか、当地域は全国経済圏の重要な拠点として発展し、学問や芸術も栄えた。

　「ひたち」と聞けば、今や日立製作所グループを思い浮かべる人が多いであろう。本書では、日立市およびひたちなか市を中心とする地域を、「ひたち地域」と呼ぶことにしたい。日立製作所および関連企業の工場集積が際立って高い「ひたち地域」は、全国有数の企業城下町であり、その面影を今なお深く残した、数少ない「秘境」といえるかもしれない。

　しかし、日本のものづくりの本家ともいえる日立製作所が、社会インフラを軸にしたグローバル経営にアクセルを踏むなか、国内のリストラ戦略とも相まって、この地域にも大きなインパクトを及ぼしつつある。本家発の激震が続くなか、ひたち地域の中小企業は、どのように受けとめ、変わろうとしているのであろうか。

　重電機器が主力をなす日立製作所は、かつて「鈍牛」や「野武士」などに例えられるなど、重量級で地味なカラーのメーカーとみられてきた。それは、同グ

ループの主要な企業が集中する茨城県のイメージとも重なるものといえよう。

　茨城県は、地味で面白味のないダサい県、とみられているようである。しかし、実態はかなり異なっていて、むしろ魅力と可能性を秘めた地域といえる。茨城県の魅力は、何よりも山、平野、湖、川、海のいずれにも恵まれた、日本の縮図ともいえる地勢・風土にある。東京圏にあって、さらには関東圏（（1都10県））でみても、これだけバランスよく兼ね備えた都・県は他にみられない。

　そうした魅力は、工業立地大県および生活大県とも呼ばれる、働きやすく住み良い立地とインフラ環境などにも発揮されている。

　工業立地面積及び県外企業立地件数は全国第1位を占め、1住宅当たり敷地面積では全国第1位で、高齢者近住率[140]も全国第2位である。小中学生の体力テストも、全国トップクラスに位置する。働き良さは、農業と工業のバランスのとれたものづくり大県（製造業出荷額、農産産出額、海面漁業水産量は、全国第8位、2位、6位など）としての側面にも表れている。

　ひたち地域を含む県北地域は、県内の中でも地味なイメージが強いとみられる。最近では、グローバル経営下にあえぐ企業城下町、といったイメージも重なる。21世紀的な視座すなわち持続可能な循環型発展モデルを考えると、日立市およびひたちなか市に限定せずに、県北に広がる常陸地域をも含めた広義の視点から、「ひたち地域」を捉え直す必要があるのではと考える。さらに、茨城県の県央、県南地域を含むマクロ的な視点から、ひたち地域を位置づけることが求められている。

2.2 ひたち地域のものづくりとグローバル化

1 ▶ 日立グループのものづくりと企業文化

　日立製作所の国内生産拠点は、創業の地である日立市やひたちなか市をはじめ茨城県内に集中している。電力関連の日立事業所、日立事業所から分離独立しコンピュータ制御などを生産する大みか事業所など、大型製品が中心である。

　日立市、ひたちなか市を中心とした「ひたち地域」は、日立製作所グループの企業城下町で、人口34万人を擁する。両市の製造業出荷額等は1兆8,874

億円(2013年)で、県北地域の約8割を占める。日立市は、人口18.5万人であるが、その3割が日立製作所関連の従業員や家族であるとみられている。

　ひたち地域には、部品などを金属加工し、各工場に収める下請企業が集積している。下請企業は、日立グループの各工場と密接な関係を保つことで、仕事を受注し、品質や納期をクリアして期待に応えるなど、親工場と下請企業が一体となって成長してきた。日立グループは、ひたち地域の下請中小企業に支えられて発展してきたのである。

　親企業(日立製作所)と下請企業との関係は密接で、設備投資などもお伺いをたてるなど人事・技術でも日立依存度は高い。タテのつながりが強い半面、下請企業のヨコの連携は弱く、地域内の分業構造は弱い。

　日立市には一品もの、ひたちなか市には中量産品をつくるメーカーが多い。重電は、下請に少ない数の部品をつくってもらうが、特殊な機械や人材を持っていないと役に立たない。試作品は、スピードが重要で、品質の良いものを速くつくることが強みになる。さらに、図面のミスにも気づいてくれる下請が重宝がられる。

　日立の下請は、(品質教育が浸透し)品質に強いが、オリジナルなものを生み出す力は相対的に弱い。自社製品を持たないため、値段を決められない。一方で、小さな世界企業も存在する。会社の強みをどう生かすか、気づきと発見力がポイントになる。

2▶日立製作所にみるグローバル経営の加速化

　日立製作所は、かねて「GDP企業」と呼ばれるなど、電力・通信を柱とする日立の業績は、日本のGDPと同じような軌跡を描いてきた。しかし、その成長方式が通用しなくなるなか、ベクトルを「世界のGDP」へとシフトさせつつある。その姿は、ものづくりの新たな形を探る「日本の縮図」とみることもできよう。

　日本のものづくりが岐路に直面するなか、その本家の一翼をなす日立製作所の未曾有の危機とV字型復活は、内外の注目を集めた。社会インフラを軸としたグローバル経営は、国内のリストラ戦略とも相まって、地域にも大きなインパクトを及ぼしつつある。

　「社会イノベーション」というスローガンの下、ハード単体からサービスまで

含めたシステムへと軸芯を移し、トータルな連携と提案を進め、ものづくりとIT、さらにはインフラとITを融合させ、社会インフラのグローバルな展開を図るというシナリオである。個々の事業を定義し、そのポジションを明確にすることの大切さが強調されている。それは、ものづくりとは何か、ものづくりと地域づくりはどのように連携し共鳴効果を高めることができるのか、といった十名［2012］のアプローチとも連動するものである。

　日立らしさ、社会イノベーション、ITとインフラとは何か、自社の事業を定義することの意味、地域密着型経営の特長は何か、などについて、日立製作所本社にヒアリングを行った。

　「日立らしさ」とは、「日立グループ共通のアイデンティティ」だという。創業者の小平浪平が「国産技術で日本の産業発展に貢献する」という理念に明らかにしたことでもある。残したい「日立らしさ」とは「逃げていかないこと」であり、克服したい「日立らしさ」は「鈍牛」の如き「日立時間」にあるという。

　「社会イノベーション」とは、社会インフラに情報を付ける、ITを利用してインフラを高度化する、という意味である。むしろ、社内で議論のきっかけをつくるために、変わった言葉、独自の言葉を、あえて使ったようである。

　「定義すること」は、2008年の大赤字から回復するためのキーワードでもあった。限りある経営資源をいかに使うか、やるべきことは何かなど、基本に立ち返って検討する必要に迫られ、キーワードとして使ったものである。

3 ▶ グローバル化に揺れる企業城下町

　日立製作所の生産拠点は、ひたち地域を中心に茨城県内に集中している。その集中度は、重電3社の東芝や三菱重工以上であり、トヨタを凌駕するとみられる。そのような地域密着型の日立が、グローバル経営を加速することの意味は何か。この課題とインパクトについては、ひたち地域の視点から、とりわけ下請企業の視点から捉える必要がある。

　茨城県における製造品出荷額の地域別構成は、2010年以降にも大きな変化がみられ、県北地域の大幅な減少と県西および鹿行（ろっこう）地域の増加が対照的である（「茨城県工業統計調査結果」）。2010年と13年を比較すると、県北地域が△4,071億円（29,073億円→24,168億円）と大幅に落ち込んでい

るのに対し、県西地域＋3,096億円（23,148億円→26,244億円）および鹿行地域＋1,594億円（21,987億円→23,581億円）の増加が目立つ。その結果、地域別構成比では、県北地域の大幅な低下（26.8％→22.4％）が目立ち、最大の地域から県南、県西に次ぐ第3の地域に転じている。

市町村別にみても、日立市とひたちなか市の落ち込み（前年比で日立市△2,161億円、ひたちなか市△1,374億円）が、神栖市（鹿行地域）の増加（＋1,445億円）などと対照的である。

日立市は、転出超過が1,485人と全国2番目に高く（総務省の2013年人口移動報告）、将来的に消滅可能性のある自治体の中に数えられている（日本創成会議の試算）。

2.3 企業城下町からの転換に向けてのヨコ型ネットワークづくり

1 ▶ 県北・ひたち地域への視座

日立市・ひたちなか市を中心に日立製作所の企業城下町として発展した地域は、経済活動（GDP）的なつながりも強く、本節では「ひたち地域」として一括している。そこには、歴史的・文化的には、律令制のもと7世紀に成立した「常陸国」の「常陸」というニュアンスも込めている。むしろ、「常陸国」の視点も織り込むことにより、上記の工業地域のみならず農山村地域も含め、県北全体の中でひたち地域を位置づけ捉え直すことができよう。

そこで、県北・「ひたち地域」の風土と産業、そして地域づくりに目を向けてみたい。県北は、首都圏からも近距離にあって、里山など豊かな自然や温泉・食などの観光資源、海と山が近接しているという特性を生かした個性豊かな地域づくりが求められている。

県北地域内、県内の農林漁業、工業、サービス業の産業循環をいかに創り出し促していくかが問われている。そのカギを握るのが、観光業を軸とした人流である。県北においても、中山間地域と工業地域の域内交流が重要となる。

茨城県では、5カ年計画（2006〜2010年度）で、北部（県北・県央）と南部（鹿行・県南・県西）という2つの広域連携圏に分け、「南北格差」の解消に向けた施策を展開した。南部広域連携圏では、南関東とのさらなる連携を強める交

通インフラに重点を置いた地域づくりを進めた。北部広域連携圏では、北関東における物流拠点や先端産業拠点づくりを進めるとともに、「いばらきさとやま生活」など県北地域でのゆったりと豊かなライフスタイルを発信、推進している。

さらに、20世紀型の近代産業都市としてのひたち地域と21世紀型新産業都市としてのつくば市の双方向型産業循環をいかに創り出すかも、政策的課題として問われている。県を代表する両地域がイメージ的にもバラバラにみえることが、両地域の魅力と可能性のみならず、県としての魅力とまとまり感を減殺していると感じられる。それを克服するカギを握るのが、ひたち地域とみられる。グローバル経営下にあって、地域産業の伝統を活かしつつ企業城下町からの創造的転換をいかに図るかが問われているといえよう。

2 ▶ ひたち地域にみるクリエイティブ中小企業

全国有数の企業城下町である「ひたち地域」の中小企業および支援ネットワークは、どのように受けとめ、変わろうとしているのであろうか。

日立製作所は、かつては下請企業の面倒見の良さで知られていたが、調達のグローバル化などを積極的に進める中、地域の下請企業の受注環境は厳しさを増している。下請企業の受注は、かつては日立製作所関連が8〜9割であったが、今や7割以下に下がり、地元への発注は3割ぐらいとみられる。

日立の下請企業は、品質には強いが、オリジナルなものを生み出す力は相対的に弱い。自社製品を持たないため、値段を決められないといった傾向もみられる。しかし、この難局に積極的に立ち向かい、新たな方向を切り拓きつつあるクリエイティブ中小企業も少なくない。また、そのような動きを支援する地域の公的支援ネットワークも注目される。

西野製作所は、多様な材料、先進機器を駆使した短納期対応の総合試作部品メーカーである。創業以来、ユーザーの求める試作品をいち早く加工しユーザーに届けることを使命とし、1993年には4Hという企業理念に明示化した。分散化を図るなか、日立製作所との取引は当初の85％から25％にまで下がり、1社のウェイトも5％以下に抑えるようにしている。

高木製作所は、「銅の精密加工ではオンリーワン」を自負し、GEから「貴社

にしかできない」と発注されるなど、海外からの注文にも応える。営業はホームページで行い、日立との取引比率は1割に減っている。

茨城製作所は、モーター（心臓のコイル）製作をコア技術に持ち、日立製作所との関係も深い。主力としてきたエレベーターや産業用のモーターの生産が大幅に減少し、独自な新製品開発に迫られた。そこから開発された軽水力発電機が注目されるなか、クリーンエネルギーへと経営の重点を大きくシフトしつつある。

3 ▶ 「ひたちなかテクノセンター」にみる公的支援ネットワーク

茨城県は、日立地区の産業支援センター、つくば研究支援センター、ひたちなかテクノセンターなど、第3セクターの活発な企業支援活動が特徴的である。技術開発の補助金を活かすにはヨコの連携が重要で、競争的支援の活用などでは県、第3セクター、振興公社、工業技術センターが関わっている。

中小企業発のオリジナリティをいかに生み出すか。県としても、振興公社をつくり、実務家を配置して、ネットワークづくりを意識的に進めてきた。皆が同じようなことをやってもダメである。差別化することで、自社の存在価値を証明していくしか、生きる道はない。

ひたちなかテクノセンターは、国、茨城県、日立製作所などの県内民間企業が出資する第3セクター方式の産業支援機関である。国の委託事業をはじめ、県、ひたちなか市および周辺市町村からも産業支援事業を受託している。市、テクノセンター、商工会議所、大学などの地域連携に力を入れ、出会いや連携の仕掛けにより成功の連鎖が出てくるなか、独自なネットワークが開花している。

ひたちなか市は、金型製造やプレスを中心に300社程度が集積し、企業城下町的な色彩が強い。親会社（日立）とのタテのつながりが強い半面、中小企業同士のヨコの関係は薄い。設計や営業を社内で抱えている企業が比較的少なく、1つの製品を1社でつくりあげるといった完成度の割合は低い。

そうした中、ものづくりへの関心が高いひたちなか市は、コーディネーターの配置を目玉政策にしている。市が、5人のコーディネーターを雇って、ひたちなかテクノセンターに配置している。彼らは、400社のメーカーに「御用聞き」し

て回り、各社の課題を汲み上げ、中小企業振興公社のアドバイザー等の専門家につないでいく。そのような活動を11年近く続けており、成果も出ている。市長への報告会も、年2回開いている。

コーディネーターは、任期が3年、月に14日の勤務である。日立製作所の技術系OBが多い。商工会議所とも連携しており、毎月1回開かれる市担当向けの報告会には、商工会議所も出席し、情報をフィードバックしている。

4 ▶ 日立OBによる企業・技術支援ネットワーク

ひたちなかテクノセンターは、日立製作所を中心に企業OBの組織化を進めている。OBの交流会や各種研修会を開催している。「中小企業で働くには、大企業の場合と何が違うか」を学んでもらい、3カ月にわたる研修の修了者には証明書を渡す。

そのコアに位置するのが、商工会議所、高専、市役所と連携して組織化した「なかネットワークシステム」(略称：NNS)である。これは、岩手大学発の「岩手ネットワークシステム」(略称：INS)を参考にし、「ひたちなか」の「なか」を「岩手」に置き換えたものである。NNSの主な事業としては、NNSコーディネーター養成講座、ひらめきサロン、基礎技術力アップセミナー、ビジネス交流会等の開催、ものづくり人材育成・確保事業の推進、各種相談などがある。

ひたちなかテクノセンターは、県の第3セクターである。日立のOB、とくに技術屋は引退後も、技術的に役立ちたいとの思いから、自分の培ってきた技術を認め使ってくれる第2の職場を求める者も少なくない。彼らの思いとその技術を求める企業とをつなげる役割を果たすのが、当センターである。

とくに、ISO[*141]規格の導入や生産性向上をめざす会社への支援が中心をなす。ISOのシステムは、見た目のきれいさではなく、むしろドロドロした見えない部分にどうメスを入れるかがポイントになる。会社としては、さらけ出したくない箇所でもあり、信頼関係がないと進まない仕事である。日立OBによる企業支援の成功例が出てくると、「俺たちも利用しないと損だ」という雰囲気も出てくる。小さな成果から地域に好循環が生まれる。

航空機産業への参入をめざし、より高いハードルのJIS9100[*142]を取得する企業（川崎製作所など）もみられる。ひたちなか市の川崎製作所は、日立製作所

のエレベーター部品の製造を手がけていたが、半導体製造装置部品等へ広げ、さらにJIS9100を取得して、2006年には航空宇宙産業のジェットエンジン部品の加工を開始する。JIS9100の取得は、ひたちなかテクノセンターから派遣した日立OBの指導によるものとのことである。

　日立OBは、トヨタ方式の伝道師を想起させるが、それとは違う面がむしろ目立つ。企業OBは、大企業では62～3歳まで働くことも多いが、ここでは67～8歳まで働いている人も少なくない。

2.4 企業城下町から新産業創造都市へ

　社会インフラを軸にグローバル経営を加速させる日立製作所、それに伴う企業再編や下請再編で大きく揺れるひたち地域。両者はまさに対照をなす。

　タテ型産業システムに深く固く包摂されてきたひたち地域は、その縛りが緩むとともに庇護も外れつつあるなか、いかに自立を図るか、ヨコ型産業システムへの転換を図るかが、企業そして行政、地域をあげて問われている。

　ヨコ型産業ネットワークづくりが、タテ型ネットワークの頂点に位置する日立グループ主導で、行政と連携し日立OBも巻き込んで進められてきたところに、ひたちモデルの特徴があるといえよう。しかし、タテ型の制約もみられ、それをどう乗り越えていくかが問われている。

　それは、まさに企業城下町から新産業創造都市への転換に他ならない。量産型大工業（タテ型）と多品種少量生産型地域固有産業（ヨコ型）との高め合いを軸に、タテ型産業で働く人々とヨコ型産業で働く人々との文化交流、それによる疎外からの回復の場づくり、さらには県北から県南にまたがるダイナミックな俯瞰的発想・展開、といった大きな視野が求められる。

　県南のつくば市は、日本最大の「サイエンス・シティ」で、300を超える官民の研究機関が集積し、2万人を超える研究者が集う。「研究学園都市」から新事業・新産業を創造する「新産業創造都市」への転換が求められているが、企業とのつながりや実用に結びついた応用研究は相対的に弱く、試作品等も東京の大企業に発注される傾向がある。つくばエクスプレス開通後は、東京や千葉など首都圏との連携が強まる傾向もみられる。

県北のひたち地域には、それに匹敵あるいは上回る一品づくりに長けた中小企業が集積するも、受注窓口などヨコ型ネットワークづくりが喫緊の課題となっている。ひたち地域とつくば市の試作品ネットワークは、県北と県南を南北につなぐ新産業創造都市の動脈へと発展する可能性を秘めている。その推進役としてキーとなるのが、ヨコ型ネットワークづくりである。その点では、東大阪モデルに学ぶべき点は多々あるとみられる。

　地元金融機関や自治体などによる仲介機能の拡充を軸に県内連携を進め、県外・遠隔地に試作品などを発注するスタイルからの脱皮が求められている。ヨコ型ネットワークの知恵と工夫を織り込み、これまでのバラバラ（＝相殺）型から共鳴効果創出型へとダイナミックな転換を図り、それをテコにして地域的魅力を高める文化動脈へと変えていくことである。

3. 中小企業と工業高校の連携が生み出すダイナミズム——ものづくりとひとづくりの「再発見」

3.1 初等・中等教育における技術教育の課題

　初等・中等教育における普通教育としての技術教育は、国際的には教科指導として実施される傾向が広く認められ、先進国の間では国際的な水準になっている。

　しかし日本では、普通教育としての技術教育を行う教科の設置が中学校の技術科のみに限られ、小学校や高校にはない。

　普通教育としての技術教育に関して、日本は（教員養成も含めて）世界のリード国の1つであった。しかし（1977～8年をはじめとする）小・中・高等学校の学習指導要領の相次ぐ改定で、質量ともに弱体化させられてきた。

　普通教育としての技術教育を担う教科は、実質上、中学校の技術・家庭科の技術分野に限られているばかりか、これにあてる授業時間数も1990年代末には60年代の3分の1に削減されている。質的にも、技術教育とは言えない情

報教育の拡大が顕著で、金属加工や機械、電気などの学習は極端に弱体化されている。

その結果、前期中等教育において技術教育に充てられる時間数の割合は、国際的な平均値が約6％で、10％以上の国も少なくないのに対して、日本は最大でも3％に過ぎない。普通教育としての技術教育は、国際的な水準からみて量・質ともに著しく貧弱であり、その遅れが目立つに至っている[143]。

技術と技能は、家族や社会の「いのち」をつなげるための手段と力量である。手と脳の結合による知恵の創造と活性化は、「生きる力」そのものであるといえよう。「もの」と「つくり」からなる「ものづくり」は、「つくり」手の思いや願いが、活動を通して「もの」に託されるのである。ものに託されたつくり手の思いや願いに共感し、畏敬の念を抱く「心の豊かさ」をいかに育んでいくか。21世紀に求められる「ひとづくり」の核心も、そこにあるとみられる。

ウィリアム・モリスは、手工芸を機械生産よりも本質的に優位においた。手を機械の上位においたのは、それがよりよいもの、より美しいものをつくり出すからではない。手仕事が機械の仕事より楽しいからという[144]。「つくり」手の思いや願いも、より直接的に投影される。

仮想空間があふれる今日、多様な「もの」と触れ合う機会は逆に著しく少なくなっている。そういう時代だからこそ、手を通しての「ものづくり」は、精彩を放つ可能性が大きい。子ども自身の中心核をつくるためにも必須とみられる。工作軽視の方向を反転させ、図画工作、技術、理科工作の総合学習を充実させていくことが求められている。

3.2 工業高校の技術教育にみる「ものづくり」評価

「ものづくり」は、労働現場や教育現場、地域とも深く関わる。工業高校における技術教育を「工業教育」と捉え、ものづくりの視点から光をあてたのが、片山悠樹［2016］である。「ものづくり」という言葉や価値・規範をめぐる歴史的な変遷プロセスを、工業教育とりわけ工業高校の教育視点から分析しており、実に興味深く示唆に富む[145]。

専門高校に、専門的な知識や技能を有する人材の育成を求め、地域産業と

の連携を図る。そういった文言が、教育政策の文書において目立つようになるのは、1990年代後半あたりからである。その際、工業教育では「ものづくり」がキーワードとして頻繁に登場する。

「ものづくり」を中核とした工業教育の人材育成機能は、産業界からも高い評価を得ている。

今や、8割以上の工業高校で「ものづくり」が教育方針・目標になっており、教育現場でも「ものづくり」が肯定的に語られている。

しかし、少し時間をさかのぼると、まったく異なる様相が現れる。「ものづくり」に対する否定的な意見が、大勢を占めていたのである。1980年代の教科書には、「ものづくり」という言葉そのものがほとんどみられない。

ネガティブからポジティブへの評価へ転換が進むのは、1990年代のことである。

3.3 工業高校の衰退と専門性の揺らぎ

1970年代以前、工業高校は技術者の供給源としての役割が期待され、「工業高校の拡充」政策がとられた。

工業高校では、高度成長時代に合わせて、大量生産方式に対応できる人材を育成する教育システム等を、企業の求めに応じて取り入れてきた。それは、生徒の個性や創造性を育成するよりも、規格に適合する製品をつくる技術者を育成する教育システムであった。

工業教育の専門性は、産業界からも一定の期待を集めていたとみられる。

ところが、1970年代あたりから工業高校への社会的要請が衰退するなか、専門性も徐々に希薄化していく。工業高校は進学に不利である、3Kだからと言われ、敬遠されていった。工業高校の存在が軽視されるようになったのである。ものをつくる人々を大切にしない風潮が強まるなか、工業高校は悪戦苦闘してきた[146]。

工業高校における技術教育の状況について、片山悠樹［2016］は、日本教職員組合の教研集会の記録および『工業教育資料』[147]をもとに検証している。

1980年代に、工業高校の教師たちは、「ものづくり」に対してポジティブな

見方をしていなかった。文部省は「手足を動かす体験学習」といった「技能教育」を推進していた。教師たちは、「ものを考えない」労働者を生み出そうとしていると危惧し、「単なる物つくり」になるような教育に批判的であった。

1990年代に、工業高校は生徒数急減と学科再編に直面する。危機感が強まるなか、科学的／批判的能力の養成を目指す活動も影を潜め、工業教育の意義や専門性はいっそう揺らぎ不透明になる。そうしたなか、工業教育の再考さらには再構築のきっかけとなったのが、中小企業（製造業）とのつながりであった。

3.4 東京発の中小企業（製造業）と工業高校の連携
――「ものづくり」と工業教育の再構築に向けて

1990年代まで、中小企業（製造業）と工業高校の連携は少なかった。工業高校の生徒は大企業への就職を望み、中小企業も彼らを採用できずにいた。1980年代以降、職業移行の点でみると工業高校と中小企業の関係は密接になっていくが、教育実践でのつながりには至らなかった。

当時、中小企業は、大企業優遇政策に反対する一方、製造業の空洞化、人材確保難や後継者不足などの問題を抱えていた。その対策として、「ものづくり」を掲げ、「ものづくり」の重要性を社会や政治に訴える運動を展開していた。「ものづくり」は、中小企業の危機感を背景に浮上したキーワードであった。

東京の工業高校は、中小企業（製造業）密集地帯にありながら、1990年代以前は地元企業との連携も弱かった。90年代以降、生徒数が急減するなか、教師たちは製造業密集地帯で中小企業（製造業）とつながる動きをみせるようになる。

工業高校の教師たちは、学科再編のなかで危機感を抱いていた。だからこそ、中小企業が危機突破に向けて主張する「ものづくり」に心を動かされたとみられる。「ものづくりの重要性」、「ものづくりの技術は中小企業にある」ことを強く意識するようになる。

教師たちは地元の中小企業との連携を深めることで、ものづくりを積極的に評価するようになり、工業教育再構築への活路を見出していくのである。

3.5 「ものづくり基盤技術振興基本法」の成立とその背景

　「ものづくり」という言葉は、中小企業の危機感を背景に、新たな意味合いを帯びて登場した。「ものづくり」の重要性を訴えることで、中小企業の技術や技能伝承の問題を克服しようとする意図があった。

　「ものづくり基盤技術振興基本法」は、金属労働者の組合であるゼンキン連合[148]などの要求を基礎として、1999年3月に議員立法として成立した。

　同法成立に至るプロセスは、興味深いものがある[149]。起点とみられるのが、1994年、服部光朗氏のゼンキン連合会長就任である。就任を機に、ことあるごとに「ものづくり基盤の危機と再構築」を訴えた。95年9月に開かれたゼンキン連合第45回定期大会では、運動の重点にするとともに、『ものづくりの再発見』という冊子を発表する。ゼンキン連合労政部門調査局で1年かけて行った「技能の集積、育成に関する実態調査」をまとめたものである。

　1997年1月にゼンキン連合「第2次ものづくりプロジェクト」が発足する。議員を介在して、同2月、ものづくり基本法骨子案ができ、同4月、法制局にて「基盤技術振興基本法」が完成する。同7月、法律の名前をわかりやすく「ものづくり基盤技術基本法」に改められる。その後、98年4月に超党派の有志議員による検討会が設置され、99年3月、衆参両院で全会一致により可決された[150]。

　ものづくり基盤技術振興基本法は、中小企業（製造業）へのバックアップのみならず、高校職業教育の弱体化に抗する施策も謳っている。

　16条は、「小学校・中学校等における技術に関する教育の充実をはじめとする学校教育及び社会教育におけるものづくり基盤技術に関する学習の振興」を挙げている。さらに、「ものづくり基盤技術の重要性についての啓発並びにものづくり基盤技術に関する知識の普及に必要な施策を講ずる」ことを国の責務としている。

　日本の労働組合が、普通教育としての技術教育を含む法律制定に取り組んだのは初めてのこととみられる。わが国の近代教育史上においても、画期的なできごととして注目される[151]。

3.6 工業教育における「ものづくり」の再評価と受容・浸透過程

　1990年代後半、「生徒数急減」に直面するなか、「中小企業（製造業）密集地帯」において「ものづくり」教育が受容される。そして、2000年以降に他の地域へ広がっていく。

　「ものづくり」の表記についても、この間に大きな変容がみられる。『工業教育資料』では、「物作り」（204号、1989年）、「物づくり」（243号、1995年）、「もの作り」（251号、1997年）、「モノづくり」（262号、1998年）のように、多様なかたちで表現されていた。それが、2000年あたりから「ものづくり」へと表記が統一される[*152]。

　1999年に公布された「ものづくり基盤技術振興基本法」が工業教育にもたらしたインパクトの大きさを物語っている。

　なお、ものづくりに関する本では、基本法以降も、「もの造り」、「モノづくり」など多様な表記が混在する[*153]。その一方で、「ものづくり」表記へと収斂する傾向もみられる[*154]。

　「ものづくり基盤技術振興基本法」が社会的に注目されるなか、工業高校では「ものづくり」を通して多様な生徒たちに専門性を生かした学びと活動を促そうとする動きが出てくる。

　2007年の教研集会では、「ものづくりを通して生徒たちが身につけていくべき力とは何かの検討が重要であることが確認された」と総括されるほど、「ものづくり」が定着するに至る。

　何よりも、「ものづくり」の再評価を通して、教師たちが工業教育の「専門性」を再構築しようとした点が注目される。

3.7 ものづくりとひとづくり・まちづくり

　「ものづくり」は、もともと技術／技能的な要素が強かった。そこに、技術者としての心構えといった規範や価値が付与されることで、工業教育に受容されやすいかたちへと変化していく。

　「ものづくり」は、普通教育との差異化を通して、工業教育の独自性を表現

する言説としても機能していく。

　こうして、「ものづくり」は、工業教育のなかで自明のものとなっていくと同時に、望ましい規範や価値を帯びるようになる。「ものづくり」の表記が統一された2000年あたりを境に、「ものづくり」は規範化し、工業教育に特徴的な「ものづくり」が成立する。

　そのことがまた、2000年以降、「ものづくり」が広い範囲に浸透していく力になるのである。こうして、工業教育において「ものづくり」の自明化が進んだとみられる[*155]。

　ものづくりは、工業教育を通して、ひとづくりの触媒となっていく。さらに、地域の中小企業と工業高校を、ひとづくりを通して深く結びつけることにより、まちづくりへと連動するのである。

4. 企業・行政・住民の協働による住工共生型ひと・まち・ものづくり[*156]

4.1 東大阪モデルにみる中小企業主導のヨコ型ネットワーク

　ものづくりを担う中小企業の集積において、東大阪は日本屈指のまちとして知られる。中小企業間の多様な水平的ネットワークに加えて、それを支援する行政の政策ネットワーク、住民主導によるものづくりとまちづくりの連携・住み分けなども、注目される。

　グローバル化や住工混在化など種々の課題に対応すべく、ひと・まち・ものづくりが三位一体化して創意的に進められているところに、東大阪モデルの特長があるといえよう。

　東大阪は、ものづくり中小企業のまちとして知られる。その特徴は、下請企業よりも自社製品を持つ独立企業が多く、分業関係が多様に発達して、専門化した基盤的技術群が高度に集積していることである。

　行政、企業、商工会議所などによる中小企業支援ネットワークが、どのよう

に構築され、機能しているか。大企業主導あるいは行政主導のタテ型ネットワーク、中小企業主導のヨコ型ネットワークが、各地域においてどのように発展し、あるいは両者の融合化がみられるか。

　ひたち地域の場合、日立製作所の影響が強く、日立と行政が共同して中小企業支援ネットワークの構築し、支援を行っている。いわば、タテ型のシステムを活用しつつ、ヨコ型のネットワークづくりを進めるという、興味深いモデルとみられる。

　一方、東大阪には、トヨタや日立製作所といった巨大企業は見当たらないし、親企業を頂点とするピラミッド型の下請構造も存在しない。むしろ、それゆえに中小企業相互のヨコ型ネットワークが発達し、行政もそれを支え利用しながら支援施策を組み立てている。ヨコ型ネットワークの組織者、コーディネーターとして活躍されている中小企業の経営者も少なくないとみられる。

　東大阪は、大阪圏の真ん中に位置し、工場が密集するなど工業集積度が高く、住工混在の問題なども切実である。むしろ、住工の住み分けや連携が、地域住民主導で進められている。ものづくり人材の育成なども、企業、教育機関、住民、行政が連携して創意的に進めるなど、東大阪モデルに注目したい。

4.2 東大阪のものづくりとフレキシブル分業システム

1 ▶ 中小企業のヨコ型ネットワーク

　東大阪市は、日本でも有数の中小企業の集積地であり、とりわけ金属加工や一般機械製造などの基盤的技術産業に強みを有している。20人未満の小規模事業所が約9割を占めているが、「地の利」と集積メリットを生かした分業体制によって、多品種・小ロット・短納期生産を得意とする企業が多く立地している。彼らは、有機的なネットワークとフレキシブルな企業間取引によって、相互に技術を磨き合い深化させ、需要への柔軟な対応を図ってきた。今や、「あらゆる技術が集結するモノづくりの先進都市」となっている。

　産業構造からみると、製造業の占める割合が、事業者数26.7％、従業員数30.5％と高い点に特徴がある。また、卸売・小売業の割合が、いずれも25％以上を占めるなど、製造業に次いで高く、両者で5割以上に達している。

工場数4千以上の全国主要都市（7市）において東大阪市は、工場数でみると6,546で全国5位であるが、工場密度では断トツの全国第1位である。事業所規模では、10人未満の事業所が74％を占め、20人未満では約90％に達する（2012年）。

　製造品出荷額（約1兆2,898億円）の内訳をみると、金属製品17％、生産用機械器具15％、プラスチック製品10％、鉄鋼9％と続き、4業種で5割以上を占めている。多種多様な製品がつくられており、「なんでもつくれる東大阪」「なんでも揃う東大阪」と、国内外から定評がある。

　市内企業は、親会社との系列を持たない企業が約9割と多く、いわゆる企業城下町に特有な親会社を頂点とするタテ型（下請）のピラミッド構成とは対照的な分業システムがみられる。すなわち、近隣の協力工場と多彩なヨコ型（ヨコ請け）のネットワークを構築し、取引の際には有機的な分業システムによる製造が行われている。

　全国でもダントツに高い工場密度などにみられる産業集積には、有機的な分業システムによる事業の効率化という補完機能や、企業間ネットワークの構築による情報交流・共同研究という高度化機能などが内包されている。それらは、企業が相互に高め合う相乗効果として働き、地域を活性化させるというメリットにもつながる。

　この分業システムに基づき、各企業はそれぞれの専門分野に特化し、独自技術を磨いている。それらの技術を活用することにより、自社製品を製造する企業は、約3割にも上る。また、ヨコ型のネットワークを生かして、各企業の技術をコーディネートし、製品を受注する共同受注やグループ化などの取り組みに積極的な企業が多く、多彩な企業間連携が進んでいる[*157]。

　このように独自な企業ネットワークと高度な技術によって、高品質な製品づくりが実現できる、魅力的な環境が生み出されている。

2 ▶ 東大阪におけるものづくり産業振興の経緯

　東大阪市のものづくり産業振興施策が加速するのは、中小企業の経営が困難さを増し事業所数の減少が顕著になる、1990年代半ば以降のことである。

　1995年に異業種交流事業がスタートし、96年にはトップシェア企業の紹介

ガイド（商工会議所）が発行され、97年には第1回中小企業都市サミットが開催され、東大阪市立産業技術センターが開設された。

　1999年に全事業所実態調査が実施され、2000年以降には多様な産業振興施策が展開されていくのである。2000年には東大阪市技術交流プラザが開設されて技術・企業情報のデータベース化、共同受注グループの組織化支援が図られ、2001年には卸売業と製造業のマッチングを図る「モノづくり取引商談会」、2002年には東大阪ブランド推進事業がスタートした。

　2003年には東大阪モノづくり経済特区構想が策定されて、産業技術センター内にモノづくり試作工房が整備され、クリエイション・コア東大阪が開設された。また、国内企業誘致を図るべく立地促進補助金制度が創設されるとともに、工場用地情報提供事業に加えて国内外への販路開拓サポート事業もスタートした。

　2004年にモノづくり教育支援事業、2005年にモノづくりクラスター推進事業、2009年に知財戦略推進事業、2010年には東大阪デザインプロジェクト事業、モノづくりワンストップ推進事業がスタートした。

　2012年に環境ビジネス事業がスタートし、2013年には中小企業振興条例および住工共生のまちづくり条例が制定された。

4.3 市民・企業・行政連携の住工共生型ひと・まち・ものづくり

1 ▶ 住工共生と中小企業振興の一体的展開

　東大阪市では2013年4月、「住工共生のまちづくり条例」と一緒に「中小企業振興条例」が施行された。ものづくり中小企業が集積する地域、とりわけ大都市圏においては、ものづくりとまちづくりをセットにして進めて行くことが、いっそう重要かつ切実になっている。それを鋭敏かつ深く察知し、セットの条例として制定されたものである。

　「中小企業振興条例」とセットにしての「住工共生のまちづくり条例」は、全国的に例がなく、まさに東大阪モデルと呼ぶことができる。東大阪モデルは、ものづくりと一体となったまちづくりの先進モデルとして注目される。

2 ▶ 住工共生のまちづくり条例

　住工共生のまちづくり条例[*158]は、「ものづくりのまちであることに誇りが持てるまちの実現」を「基本理念」に掲げている。ものづくりを担う企業は、まちづくりに関わる5つの主体――市民・ものづくり企業・建築主等・関係者・市――の1つとして位置づけられ、各主体の責務が明記されている。

　ものづくり企業は、「その事業活動を行うにあたっては、市民の良好な住環境に配慮し…社会的責任を自覚し、地域社会に貢献するよう努め」、建築主等も「条例に基づく義務を果たす」ことが明記されている。

　市内すべての「工業地域」を「モノづくり推進地域」に指定するとともに、「準工業地域」のうち、ものづくり企業の土地利用の比率が高い地域を「モノづくり推進地域」として指定している。「モノづくり推進地域」内では、住宅建築を行う場合に一定の手続きが必要となる。

　建築主は、「計画について、あらかじめ、市と協議」することが義務づけられ、「騒音その他の生活環境に及ぶ影響を自ら提言するために必要な措置を講ずる」ことが求められている。また、近隣のものづくり企業等に対する「計画の内容」説明、及び「計画の周知を図る…標識」を敷地内に設置することが義務づけられている。

　宅地建物取引業者に対しても、工業・準工業地域で住宅売買の仲介を行う際は、事前説明が求められる。

　住工共生のまちづくりの推進に向けて、2013年度には、(苦情に対する工場改善への)相隣環境支援補助金による共生環境づくり、(工業専用地域およびモノづくり推進地域への)工場移転支援補助金による住工混在の緩和ならびにモノづくり立地促進補助金による立地促進、などの施策が実施される。

　条例の施行に合わせて、東大阪市住工共生まちづくり審議会が設置された。市は、施策等の実施状況を公表し、市民やものづくり企業等の意見を収集して、審議会に報告する。審議会では、条例の改廃や、条例に基づく住工共生のまちづくりの推進、に関すること等について審議する。

3 ▶ 中小企業振興条例

　中小企業振興条例[*159]では「前文」において、東大阪市における中小企業を

次のように位置づけている。「小規模企業者を中心とする本市の中小企業は、地域経済を支える本市の重要な存立基盤であるとともに、熟練の技術を引き継ぎ、産業を活性化させ、市民の雇用やまちのにぎわいを創出する源です。」

20人未満の零細企業が約9割を占めるという本市の状況をふまえて、小規模企業者[*160]に光りをあて、「小規模企業者を中心とする本市の中小企業」と明示したのは、本条例の大きな特徴である。

「夢と活力あふれる元気都市」として発展し続けるには、「中小企業者、大企業者、市民、関係団体そして市」の5者が、「協働して、本市の中小企業の振興に総合的に取り組むことが不可欠」だという。

「基本理念」の冒頭で、中小企業振興において中心をなすのは「中小企業者自ら」であり、「自らの創意工夫及び自主的な努力」が基本になることが示されている。推進の核があってこそ、5者の協働が意味をなし効力を発揮することができる。

中小企業者のみならず、「大企業者の役割」を明示しているのも、本条例のポイントに1つである。「地域社会の一員として……社会的責任を自覚し」、中小企業と交流を図り、助け合いながら、「地域経済の活性化」に努める。

中小企業の振興を担う5者の1つとして位置づけられる「関係団体」も、新たな捉え方である。「経済団体、金融機関、大学等、特定非営利活動法人その他の中小企業の振興に関する団体」を「関係団体」としており、多様な機関・組織がそこに包括されている。

「基本理念」では、「大都市圏に立地する産業集積の拠点という本市の地域特性を生かした施策」が提示されている。その具体化を図るのが、「振興に関する施策」である。「中小企業者の産業集積を活性化し、ネットワークを強化する」ことが、「施策」の第1項に掲げられている。「ネットワーク」に注目し、その強化を明示するのはユニークで、東大阪の産業集積の特徴と課題が凝縮されている。

「施策」第2項に、「中小企業の操業環境を確保し、市民の住環境との調和を推進する」施策が掲げられている。第2項は、「住工共生まちづくり条例」の施策とも直接つながっており、両条例が支え合い共鳴する関係にあることが示されている。

「東大阪市中小企業振興会議」は、本条例の改廃や中小企業の振興に係る重要事項を審議する場で、市長が諮問機関として設置する。実施状況については、調査・分析、とりまとめ、公表を行い、より効果的な施策を展開すると定めている。

4 ▶ 住民主導のまちづくり──高井田まちづくり協議会などの取り組み

　高井田地域は、人口8千人、製造業者800社、従業員6,200人で、東大阪の中でも工業集積度が濃い地域である（2003年度工業統計調査等）。高井田地区において、企業がとどまり続け、また新規開業もみられる理由は、集積の利益、流通面の便利さ、人材確保などがある。この10年、工場跡地に住宅ないしマンションができる事例が急増し、それに伴うトラブルも増えている。住宅ができることにより、騒音防止など企業の操業環境が厳しくなる。

　高井田まちづくり協議会は、地域課題のポテンシャルの発掘・共有、まちづくり構想の策定を活動目的に掲げ、2004年に始まった。2007年には、「高井田まちづくり構想」を作成し、住工共生のまちづくりビジョンを東大阪市に提案している。また、「ものづくり体験塾」[*161]の企画と実施を通して、布施工科高校とのつながりも形成された。

　布施工科高校は、時間のかかる技術習得機関の一部を学校教育が担うという理念のもとに活動している。いわば、デュアルシステム（ドイツを発祥とする教育と職業訓練を同時に進めるシステム）の日本版である。しかし、最新機械は高額ゆえ、最新技術を生徒に習得させようとすると、地域社会の最先端に出て行かざるを得ない[*162]。

　東大阪市全体でみると、住工共生が謳われるが、住みやすく、ものづくりを誇りとするまちにするためには住工の緩やかな分離も必要である。当地域は、住工混在問題と後継者問題にダブルで直面しており、布施工科高校が「モノづくり体験塾」に参加したのも、後継者問題との関連による。これら問題の解決には、地域社会の理解が必要であるが、学校教育が果たす役割も大きなものがある。

　高井田地域では、すべての小学校で5年生を対象に工場見学を実施し、地域の工業技術の素晴らしさを見せる。中学校では、事業主や工科高校の教員・

生徒が出前授業をするなど、公教育の授業の中に組み込んでいる。

4.4 未来を切り拓くひと・まち・ものづくりの創意的展開

　東大阪では、中小企業の製造現場を訪ねる「ものづくり観光」が人気を集めている。国内有数の中小企業のまち、東大阪市では、地域ぐるみで受け入れ態勢を整える動きも広がっている。

　「高い技術力が観光資源になるのでは」と、地元企業やJTB西日本などが、2012年4月に、「大阪ものづくり観光推進協会」を設立した。工場見学の仲介などを手がけ、見学受け入れ工場も40社に上る。4月以降の半年ほどの間に、観光に訪れたのは高校など26団体、約1,700人に上る[163]。

　東大阪市は、外食産業で成功をめざす若手経営者の腕試しの場という顔も持つ。うるさ型の地元客に接客や料理の味を鍛えられ、全国展開を果たした外食チェーンも少なくない。若手を厳しく、温かく育てる東大阪の地域力が注目されている[164]。

　東大阪では、ものづくり中小企業が企業間の多様な水平的ネットワークをつくってきた。それを支援する行政の政策ネットワークも、「住工共生まちづくり条例」をはじめ細やかな配慮が凝らされている。さらに、地域住民主導で協議会を立ち上げ、ものづくりとまちづくりの連携などを促してきた活動が生まれていることも特筆に値する。小中高をはじめとする教育機関と企業、住民との連携も創意的に展開され、ものづくり人材の育成を地域ぐるみで進めている。

　まさに、ひと・まち・ものづくりが三位一体化して創意的に進められているところに、東大阪モデルの特長があるといえよう。名古屋圏のものづくり中小企業などが学ぶべき点も多々見られる。この東大阪モデルが、様々な逆風を乗り越え、ものづくり日本の新しい未来を切り拓くことを期待したい。

5. 固有の風土・産業・文化を活かした6次産業経営型ひと・まち・ものづくり[*165]
―― 周防大島の創意的挑戦

5.1 離島再生に向けた「よそ者、ばか者、若者」の挑戦

　周防大島は、山口県東南部の瀬戸内海に浮かぶ金魚の如き島である。かつて、「いもくいじま」、「ハワイ移民の島」とも呼ばれた。そして、民俗学の宮本常一や作詞家の星野哲郎を育んだ島でもある。明治維新へと至る歴史的な転換点になった舞台としても知られる。

　近年は、高齢化日本一の島として知られる[*166]が、農業の6次産業化や官民一体の移住・定住促進策など、地域再生に向けた創意的な取り組みで注目されている。

　「よそ者、ばか者、若者」(I・Uターン)の知恵やエネルギーを生かした産業・地域づくり、6次産業化や循環型農業の創意的な取り組みは、興味深いものがある。そこでつくられた農畜産物がひととひとを結びつけ、洗練化した食品加工、流通、観光など循環型産業システムとしてつながっていく。それらの試みは、21世紀的な課題に応える持続可能な循環型産業・地域づくりとして注目される。

5.2 6次産業経営と地域おこし

1▶ 瀬戸内ジャムズガーデンの魅力とその秘訣

》用意周到な開業と高い人気

　粋な装いの瀬戸内ジャムズガーデンは、美しい湾を展望できる景勝の地にある。そこに、3名(児島、佐々木、十名)でお伺いしたのは、2015年9月18日15時頃のことである。ジャムズガーデンを経営する松嶋匡史(ただし)氏から、同社の経営とそのあり方についてお伺いした[*167]。

松嶋匡史・智明（ちあき）夫妻が結婚したのは、2001年秋のことである。新婚旅行先のパリでは、そのころブームになっていたコンフィチュール専門店に入り、たくさんの種類のジャムに魅了される。匡史氏は早速、ジャムづくりの事業計画書を電力会社に勤めながらまとめる。それに「面白い」と反応したのは、周防大島で住職をする義父（智明氏の父）である。

　瀬戸内ジャムズガーデンが、周防大島でジャムをつくり始めたのは、2003年11月のことである。当初、お寺の一角で智明氏がジャムをつくり、マーケティングは匡史氏がネット中心に行う。海の見える現在地を見つけたのは、地元で信頼の厚い義父である。2004年に、そこに建物をつくった。夏休みのみオープンの試行期間を3年（2004〜6年）続ける。2004年にホームページをインターネットに開設すると、マスメディアが取り上げる。電力会社を辞めて移住し経営に専念したのは、観光客が多く、ブームに終わらないことを見極めてからである。

　周防大島に移住したのは、2007年7月3日のことで、7月20日に通年営業を開始した。当初、スタッフメンバー4人で、契約農家8軒からスタートするも、8年後（2015年7月末）には、スタッフメンバー26人、契約農家56軒へと広がっている。

　最近では、岩国市や周南市など近隣都市や広島市などからも来客を集める人気店に成長している。商品は、インターネット通販や取扱店を通じて全国へ届けられている。現在、13万本の販売内訳は、直販5割、卸売4割、通販1割となっている。2010年には、「体験型ブルーベリー園」もオープンした。

≫ 果実生産現場と直結した素材のすばらしさ

　人気の理由は、材料である果実の産地という地の利を生かした、素材のすばらしさにある。素材としては、ブランド「大島みかん」をはじめ、島で栽培されているさまざまな柑橘類や特産のサツマイモ（東和金時）などがある。島で栽培されていない、あるいは栽培量が少ないブルーベリー、いちご、いちじく、ブラッドオレンジ、ライムといった素材は、店舗横に農園を整備して栽培している。

　果実生産現場に近いからこそできることも少なくない。例えば、いちじくは傷みやすく味がどんどん落ちていくので、朝収穫してすぐに下処理に入る。ジャムづくりは、スピードが命である。「美味しいジャムづくりは、おいしい果実づくり

から」を、ジャムづくりの原点とみなす。こうして集めた地元の素材は、店独自の製法によって手間をかけて加工される。

》季節ごとに違う多様な、無添加・低糖度のジャムづくり

また、たくさんのジャムに出会えることも、店の魅力の1つである。さまざまな素材やスパイスとの組み合わせによって生み出される。しかも、旬の果実を使うため、季節によって全く違う種類が店頭に並ぶ。これらは、単一のフルーツでできた一般的なジャムとは違う、まるで料理のようなジャム（コンフィチュール）である。

通常、ジャム製造では、PH調整剤やゲル化剤、着色料、保存料といった添加物が使用される。また、柑橘の中袋を大量に除去する場合、缶詰工場などでは薬品を使用して溶かすことが多い。

しかし、ジャムズガーデンでは添加物は使用せず、すべて手作業で行っており、加工に薬品も使用しない。また、（農薬を使用していない種子島産のサトウキビから化学的漂白をせずにつくられた）洗双糖を使って、糖度を日本のジャムの最低基準である40度に抑えている。

2 ▶ 農家の知恵を生かした多品種少量の手づくり経営

》ジャムづくりの原点は果実づくり

そうした無添加・低糖度の優しい味わいのジャム・マーマレードづくりには、新鮮でおいしい果実類の確保が必要になる。一般的には、ジャム製造の原料になるのは、生食に適さないB級品とされる。

しかし、ジャムズガーデンで主に使う果実は、ジャムづくり時に一番おいしくなる高品質のものである。むしろ、ジャム加工を目的に収穫時期を調整したり、栽培方法を変えたりして、無農薬もしくは減農薬で育てられている。

》契約農家の知恵を生かした新商品開発

通年営業を開始した頃は、住職である義父の知り合いの農家に果実類の仕入れを頼るしかなく、契約農家は10軒もなかった。その後、ジャムづくりが順

調になるにつれて、ジャムづくりへの熱い思いに共感する地元農家が、自発的に果実類を持ち込み、加工を依頼するケースが増えていき、今や契約農家は50軒を超えるまでになっている。

　そんな果実の中から、ジャムに最適な「旬」を、農家との共同作業で見つけ出す。「果実は生で食べる旬と、ジャム・マーマレードに加工して美味しい旬とが、必ずしも一致しない」、契約農家との対話で学んだそうした知恵が、新しい発想の商品へとつながっている。

　例えば、生食に向かない青みかんは、早摘みし酸味と香りを適度に残した、「早摘み青みかん丸かじりマーマレード」に変身する。かぼすは夏頃から出回るが、ジャムには酸味が強すぎて途方に暮れていた。そこで、収穫時期を通常の9月から3か月ほど遅らせ、樹上で完熟させることで酸味をまろやかにした「完熟かぼす蜂蜜マーマレード」が出来上がった。いずれも、契約農家のアドバイスと協力によって商品化に結びついたもので、今では人気商品となっている。

≫手づくりが醸し出す香りと触感

　厳選した果実類を、収穫時期によって異なる香り・食感・酸味・水分量などの特性を把握した上で、丁寧な手作業でジャム・マーマレードに加工する。めざすのは、素材1つ1つの個性・季節感を存分に生かした商品づくりである。工業製品のような「均一な味」ではない。

　智明氏の実家のお寺では檀家の農家さんたちからお供えとしてあがった果実類を昔からジャムにして保存してきた。製法の土台になっているのは、そんなお寺で続けられてきたジャムづくりの伝統、さらにはサラリーマン時代に週末に訪れた長野県などでのジャム工房での体験、関連書籍などから得た知識である。さらに、数えきれない試作の繰り返しがある。果実類の種類や収穫時期によって異なる煮込みの火加減、かき混ぜる力の下限、下処理の仕方等々。それらを、試行錯誤の末に確立してきたのである。

　煮込みに使っているのは、女性でも抱えやすい小さな鍋である。大きな鍋だと、効率的ではあるが、煮込み時間が長くなり、香りや風味が失われてしまうし、色もくすむ。そこで、少量で煮込むことにより、果実本来の香りと触感を残すようにしている。

≫ 多品種少量生産の魅力

　こうしたこだわりの原料・製法でつくるジャム・マーマレードは、藤井康弘編［2014］では年間120種類と記されているが、今では160種類に及ぶ。同じ種類の商品でも、時期によって味は微妙に異なる。実質的には限りなく多様であり、多種類に及ぶといえよう。大手メーカーのように年間を通して販売する商品は1つもないのである。

　果実は約40種類ある。それらを、季節および時期に応じて、香辛料も含めて組み合わせていく。春は、だいだい、いちご、夏はスモモ、ブルーベリー、秋はブドウ、栗、サツマイモ等々。こうして、旬の果実類を原料とする商品が約30種類、店頭に常時並ぶ。お店では、すべて味見もできる。「いつ訪れても新しいジャムに出会える」と好評である。

≫ 原料の自社栽培を拡充

　「ジャムづくりの原点は果実づくり」との思いから、原料の自社栽培も行っている。畑づくりは、2004年頃にブルーベリーの栽培からスタートした。店舗の隣接地や裏山、借り受けた耕作放棄地など7カ所で、ブルーベリー、いちご、サツマイモなど7～8品目を栽培している。従業員26人のうち（住職、住職の高校同級生、山口農業大学校新卒の）3人が畑専属である。地元の農家と競合するものはつくらず、お互いが補完するような栽培を行うようにしている。

3 ▶ 瀬戸内ジャムズガーデンの経営理念と今後の目標

≫ 経営の理念と基本目標

　地域の価値に気づき、その地域に根差した活動を展開することこそ、今の時代の求められていることだという。その土地でできた農作物を使い、人の手でつくり上げていく。そして田舎でしかできない事業を行う。それが、地域の人を元気づけ、若者を呼び戻す力になる。この土地でしかできないジャムづくりをし、土地とつくり手の魂を注入する。そうしたつながりから生まれるジャムを、その場で味わってもらう。それが、瀬戸内ジャムズガーデンがめざしているものだという。

瀬戸内ジャムズガーデンの理念と目標はきわめて高い。島の特産柑橘・果実類を用いたジャム製造（第2次産業）を通して、島の農業（第1次産業）・観光業（第3次産業）に感動と活力を与えていく。それが、経営の基本にある。
　その理念は、「地域に活力を与え、関わるすべての人々に感動を与える」ことにある。目標は、「地域の人々が誇りとする、日本を代表する地域ブランドジャム屋になる」ことである。そのために、次の3点を具体策として掲げる。

①お客様を感動させるサービス・商品の提供
②持続可能な地域社会構築への貢献（地域雇用の創出、地域産物活用の拡大など）
③地域を担う人材の育成（やりがいや働き甲斐のある組織の構築、未来をつくれる人材の育成）

》**今後の経営と地域への思い**
　利用できる土地は65アールある。2014年にイチゴハウスをオープンした。今後は、芋掘り体験やブルーベリー採り体験などもできるようにすること、自社の生産を年間20万本まで伸ばすこと、自社の畑と地元の農家の畑も含め、6次産業化をめざすこと、そしてこの一帯を、テーマパーク的なものにすることを目指している。
　松嶋夫妻がジャム生産を始めたころ、地元の人は「何をやっているかよくわからない」という反応であった。それがテレビ局に取り上げられると、それを観た東京のご子息などから地元の方に電話がかかってくる。「なぜ農産物を融通しないのか」と。そうしたつながりが、最初の重い扉をも開いてくれた。
　定住促進協議会は、構想はあったものの、泉谷勝敏氏[*168]を推進役（ふるさとライフプロデューサー）に迎えて、動き出したものである。移住者ツアーは泉谷氏に企画してもらい、夜の交流などは松嶋氏ら民間が担う。
　社団法人観光協会の副会長を任されている。「瀬戸内のハワイ」とPRし、フラダンスを宿泊とセットにできればと考えている。地域資源のさらなる活用を図るべく、新しい事業を始める人を応援したいという。
　「人のつながりがすべての基本！　忙しいけど面白い」。移住者と現地の人をくっつけるコーディネーターは、「よそもの、わかもの、ばかもの」だと、匡史氏

はいう。

5.3　移住・定住に向けた行政の働きかけと創意工夫

1 ▶ 定住促進協議会の発足と対外企画（移住フェア・半島ツアー等）

　2012年4月、町、議会、商工会、農協、漁協の5者は周防大島町定住促進協議会を立ち上げ、住まいと仕事の情報提供など、連携して定住の促進に取り組むことになった。

　2013年10月には、協議会ホームページを公開し、定住促進に特化した情報発信をスタートしている。協議会設立と同時に、町内在住のファイナンシャルプランナーを協議会嘱託職員として採用し、生活設計を含めた移住相談に応じている。

　移住フェアとしては、ふるさと回帰フェアを東京と大阪で開催し、2010～14年の5年間に大阪71名、東京133名の参加を得ている。中四国共同フェア（大阪）に3年間で42名、山口県移住セミナーおよびJOIN移住交流イベント（東京）にも8名、5名が参加している。

　2012年度より、1泊2日の「島時々半島ツアー」（お試し体験ツアー）を開始し、初夏、秋、冬に行っている。これまで、2013年～2016年にかけて計12回開催し、141名が参加している。

　2013年度からは、「お試し暮らし」制度もスタートしている。周防大島での暮らしを体験できるように、定住促進協議会が民家を借り上げ、移住希望者に2～4週間有料で貸し出すというものである。2014年度の利用は、4件である。

2 ▶ 空き家バンクの活用

　空き家バンク（空き家情報有効活用システム）は、周防大島高齢者モデル居住権構想推進協議会[169]が1997年に、「地域支え合い体制の充実強化」の取り組みの1つとして始めたものである。2014年の4町合併により、周防大島町が事業を継承し、現在に至っている。

　空き家バンクの仕組みは、図表5のようになっている。空き家所有者から町へ提供の申し込みを受ける（①）。町から登記関係を確認後、宅建業協会へ調

査を依頼する(②)。宅建業協会から会員へ調査を依頼する(③)。会員が賃貸物件としての適・不適を判断し、協会へ報告する(④)。協会から町へ適・不適の判断を報告する(⑤)。適の場合、町ホームページに物件情報を掲載する(⑥)。問い合わせに対し、町が情報を提供し、会員へ仲介を依頼する(⑦)。貸主・会員・借主による賃貸借契約を行う(⑧)という仕組みである。

2002～2014年の13年間で、空き家の調査件数80件・うち登録件数47件となっており、2007～2014年の8年間では、空き家利用の移住者数23人、移住相談件数404件となっている。2011年度から、固定資産税通知書封筒の裏面に「空き家バンク」制度の呼びかけを印刷し、制度の周知を図っている。不定期で町の広報への掲載および町内回覧、またケーブルテレビなどでの周知も行っている。

2013年から、町内の宅建業協会会員の協力により、これまで対象としていなかった家財のある空き家の調査も行うようにし、空き家バンクの充実を図っている。2014年度から、空き家バンク登録を前提に、空き家のリフォームや不要物の撤去に要する費用の一部を助成している。リフォームは対象費用の半額（上限10万円）、不要物件の撤去は対象費用の全額（上限5万円）を助成する。2014年度の実績は、リフォーム3件、不要物の撤去1件となっている。

3 ▶「職」の開拓と検証

2008年度から5年間、大島商船高等専門学校が文部科学省の委託を受けて産公学連携のもと、「山海空コラボレーションみかん島再生クルー（通称：島スクエア）」に取り組んだ。起業家養成基礎コース、商品開発コース、体験型観光コース、Web動画コース、特別講座などへと発展的に展開した。2013年度以降は、近隣市町村の財政支援のもと、形態を変えて事業を継続している。2013年度には、修了生を中心にNPO法人スクエアプラスが設立され、事業及び修了生支援を行っている。

2013年度から無料職業相談を開始し、移住相談者へのワンストップサービスと町内求人情報の掘り起こしを行っている。2014年度の求人は13件、求職は8件であったが、就職には至っていない。

島で「自活」している人の体験談などを聞き、移住の参考にしてもらうため

の仲介も始めている。2014年度の相談件数は、5件となっている。

インターンシップを利用して、移住者とくに女性移住者の意識調査を行い、施策への反映を図っている。2014年度には2名のインターンシップを採用（8〜9月）した。

2000〜2014年度の15年間を見ると、人口増減は計▲5,920人に上るが、転入者は10,187人に上り、社会増減（転入−転出）は計▲219人の微減にとどまっている。これまでに見てきたような、移住・定住促進の創意的で体系的な取り組みが一定の効果を見せていることが伺える。

4 ▶ 移住・定住促進の仕掛人にみる思いと創意

周防大島町は、「都会からIターンしてきた若者が6次産業化に取り組む」などしており、「平成21年度には、ついに町の人口が社会増に転じる」など、若者を中心とした田園回帰が盛んな地域となっている。農林水産省の活力ある農山漁村づくり検討会が2015年12月発表した中間報告でも、田園回帰の先進的モデルとして取り上げられている。

「シマグラシS錠」（中身はラムネ錠剤）は、サービス過剰の都会生活に飽きた人へのメッセージであるとともに、島にも都会と同様のサービスを期待する移住希望者への警句でもある。定住促進協議会ふるさとライフプロデューサーを務める泉谷氏は、その発案者でもある。

泉谷氏が定住促進協議会に関わるようになったのは2012年からで、椎木町長からリクルートされた。最初は、移住者を何人増やそうとか考えたが、それではだめだと気づく。数字のために移住定住を促進するのではなく、移住者のため、島民のためにやるのだと。「数字を追いかけない」、「もてなさない」、「補助金を出さない」という"ないないづくし"の移住定住促進を基本に据える。

最初の取り組みは、島内への発信から始めた。島民に定住促進協議会の存在を知ってもらい、定住促進に必要性を理解してもらうことに注力する。その効果は、空き家の確保に現れた。彼が重視するのは、年3回開催する移住希望者向けのツアーである。1泊2日の短い行程ながら、島民との交流に多くの時間が割かれている。お客様扱いせず、生活者の視点から「そのまんま」を見てもらう。

町では、移住者向けに特化した補助金は用意していない。移住者を受け入れるだけでなく、地元の人が出ていかないようにするのも、定住促進とみているからである。いまの田舎は、穴の空いて沈みそうな船を進めているようなもの。みんなでワイワイと漕ぎながら、穴を塞ぎながら、舵を取り進めているようなものだという。

5.4 移住者たちの起業と地域おこし[*170]

1 ▶「うみとそらのたまご舎（や）」にみる循環型農業の経営と新たな道

　周防大島の卵は、塩気もあり美味しい。それを生み出す「うみとそらのたまご舎（や）」は、名前の如く海を見下ろす日当たりのいい久賀の高台にある。そこで、小林大亮・理華夫妻が営むのは「平飼い」である。鶏舎の中には仕切りはなく、たくさんのメスと大きなオスが動きまわる。一方、一般にスーパーで売られているのは、2羽ずつが狭いところに押し込まれて過ごす「ケージ飼い」による卵である。育て方も味も違う。

　「平飼い」卵にみる独特の風味は、どのようにつくりだされるのか。「卵に塩気があるというのは、餌と一緒に土も食べるからでしょうね」（大亮氏）という。ニワトリの足元には、深さ40cmの土が敷き詰められている。そこに糞をすると、自分たちの足で土と混ぜる。「土を掻く、砂を浴びる、啄（ついば）む」がニワトリの3大習性で、勝手に熟成した肥料をつくってくれる。そのミネラル豊かな土を餌もろともに食べる。そうしたことが、卵の味にも影響しているようである。

　さらに独自に考案して調合した餌を、与える。トウモロコシを使えば、黄身はオレンジ色になるが、遺伝子組み換えや農薬の心配があって使いたくない。代わりに、信頼できる農家から提供を受けた小米を入れるなど、徹底して安全な餌にこだわる。約300羽のニワトリがいて、1日に120個の卵を産み、そのうち100個を売る。残りの傷物は、お菓子にして売る。夫婦の暮らしは、こうして成り立っている。

　大亮氏は、山口市に生まれ育ち、関西の外国語大学に進んだ。海外を飛び回る仕事にあこがれたが、海外を旅するうちにその熱も冷める。生きる道を模索するなか、日本有数のレタスの産地（長野県川上村）で住み込みアルバイトと

して働く。巨大な農地で農薬を散布し化学肥料を使って、環境を崩しながらつくる。いつしか、「これとは反対の農業をしてみたい」と思うようになる。

　植物や家畜の前に、まず人間について勉強してみたい。そのような思いから、知的障がい者施設に看護助手として勤める。国家資格の精神保健福祉士の資格を取得して、施設のソーシャルワーカーとして6年間にわたり働く。色々な問題があって変えたいと思うも、壁は厚い。別の道を進む決心をしたのは、31歳のときのことである。同僚の理華氏がともに歩むことになった。

　収穫までに時間がかかる作物よりも、先に卵を生産することにした。鶏糞は田畑の肥やしになる。田畑できた作物が余っても、ニワトリの餌に回せる。大量生産のレタスとは違う、無理とムダのない循環型農業ができる。

　大亮氏は、1年間、養鶏家のもとで研修をし、理華氏は卵などの加工を学びに調理学校に通う。そして、2005年6月、2人は周防大島に引っ越してきた。島には、彼の父の実家があり、田畑も残っていた。しかし、30年も放置されたままである。まずは、家の修理と畑の整備から始める。そして、貯金をはたいて、鶏舎を立て、8月には最初のひなを迎え、翌2006年2月から卵を売り始めた。

　しかし、お客さんのあてはなく、売り歩くしかない。3年経って、蓄えもすっかりなくなる。もがき苦しんだ挙句、「貯金は取り戻せなくても、今を生きていければそれでいい」という思いに至る。やがて、新聞に記事が載ったことをきっかけに、卵も売れるようになる。毎日、数十軒に約12パックずつ配達する。配達先の家には、近所の人が卵を取りに来る。そんな物流網まででき、毎日100個の卵が消費される。しかも、スーパーに比べると高価な、1個50円での販売である。

　周防大島に移住して10年、無農薬でつくる米や野菜も販売し、暮らしは安定している。しかし、生き物の世話に休みはない。最近、大亮氏は知的障がい者支援の仕事も再開した。彼らと一緒に農業をして、根源的な働く喜びを味わえるようにしたいという。

2 ▶ 元番組制作者による島のアピールと「不耕起」農法

　「不耕起」という無農薬・無化学肥料農法がある。田植えというのに、水はなく、草も生え放題の田に、草の間を縫うように苗を植える。そんな光景が、周

防大島町三浦に出現したのは、2013年6月のことである。

　近所の農家からは、「あれで米が出来たら、三蒲の奇跡じゃ」と呆れられるなど、ちょっとした話題になった。この田植えをしたのは、三浦宏之・さおり夫妻である。当時、小学生になったばかりの息子と、2歳の娘もいる。家族は、2013年に島おこしの仕事をするために、東京から移住してきたばかりである。町が募集した「地域おこし協力隊」に採用されてのことである。任期は3年で、月16万円ほどの給料を受けながら地域の活性化につながる活動をする。

　三浦氏は東京でFMラジオ局、J-WAVEで番組制作をしていた。彼が事前に提出していたやりたい仕事は4つあった。①イベントを企画して行う、②都会へインターネットなどで島をアピールする、③石風呂や棚田などの島の資源を活用する、④大豆をつくり味噌に加工して売る、である。

　三浦氏が最もやりたかったのは、④であった。スーパーには、国産大豆のものがほとんどない。「大豆を自分でつくりたい」と思うようになる。彼の自然志向を増幅させたのが、妻のさおり氏である。自然が好きで、雄大な景観のユタ大学に進む。帰国後はアフリカのチュニジアへ行き、戻ってラジオ番組の構成作家として活躍する。そのときに、宏之氏と出会う。「田舎で子育て」は彼女の願いだった。

　4つのやりたい仕事のうち、最もやりたい農業の開始には苦戦する。稲作から始めたいが、田んぼはないし、貸してくれる人も簡単には見つからない。諦めようとしていた時、移住して農業をしている先輩の小林大亮氏に、「三浦さん用の苗をつくっているから」と励まされる。三蒲で農業を営む吉兼洋一氏（74）の支援もあって話も進み、冒頭の田植えにこぎつけたのである。

　無農薬だから、草はどんどん生えてくる。夏の草刈りは大変だった。秋を迎えて、地域農家が注目するなか、1反の田から5俵（300kg）の米がとれた。無農薬では、1反当たり4俵が目標値といわれるから、上出来である。地域の農家からは驚きの声が聞こえてきた。三浦の奇跡は起きたのである。

　三浦氏の働きや存在に対する島の人たちの信頼や評価も高い。島のことが都会に伝わり、移住者が増えていることも、その効果のあらわれである。「うちの土地も借りてくれんかね」と農家から声がかかるようになった。田植えには、島で知り合った人たちも手伝いに駆けつけてくれる。

3 ▶ 島のひと・ものをつなぐ軽トラ・「走る魚市」

　漁師を手伝うなか、1台の軽トラックによる魚の行商を始めたのが、移住者の1人、小野寺伸氏（45）である。小野寺氏は、岩手県出身で20年間、東京に暮らしていた。さまざまな仕事を転々とするも、心はボロボロで、唯一の趣味がサーフィンだった。サーフボードを片手に日本一周の旅をしていたときに、転機が訪れる。

　岩手に住む兄から、周防大島に寄って、マウンテンマウス仲間の中谷昌史氏を訪ねるように頼まれる。漁師をしながら音楽活動を楽しむ彼に惹かれた。東日本大震災を機に、周防大島へ移住し、中谷氏の元で漁の手伝いを始める。

　意外にも、島の人が島で獲れた魚を手に入れることができない。「大島産の魚はどこで買えばいいの」という声が、あちこちから聞こえる。たしかに、島で獲れた魚の多くは、柳井や広島へ出荷され、島のスーパーに並んでいるのは島外の魚ばかりである。誰か、この魚を行商していけばいいのでは、との思いがよぎる。

　島に住み着いて3年後に突如やってきたのが、タコの豊漁である。まとまったお金が入るや、「自分でやるしかない」と一念発起する。軽トラを購入し、移動販売車に仕立てた。魚の仕入れ先や販売方法など問題は山積みのなか、2015年1月、「走る魚市」が動き出す。

　買い物の難しい山間の集落を1軒1軒訪ねていく。最初は苦労するも、笑顔と人柄で人々の心を捉える。地物の新鮮な魚はやはり美味しい。いつの間にか、彼の車を心待ちにする人たちの輪が広がっていく。

　マウンテンマウスの歌を流しながら走る軽トラは、島の魚とひと、過疎の地に暮らすひとと漁師との懸け橋になっている。

5.5 21世紀をリードする循環型産業・地域づくり

　「地域を活性化するのは、よそ者・ばか者・若者じゃからのー」は、大島の三蒲地域で農業を営む吉兼洋一氏（74）の口癖という。
　その先駆的モデルともいえる瀬戸内ジャムズガーデンの松嶋匡史氏、定住促進協議会ふるさとライフプロデューサーとして創意的な仕掛人の泉谷勝敏氏

は、いずれも移住者である。そして、「うみとそらのたまご舎（や）」の小林大亮氏、「不耕起」農法の三浦宏之氏、「走る魚市」の小野寺伸氏など、多彩な「よそ者・ばか者・若者」が、その後に続く。

　また、Uターン組も多士済々である。養蜂業を開き軌道にのせた笠原隆史氏、料理の腕を磨いてUターンし人気レストランを複数経営する山崎浩一氏、実家の水産加工会社を継いで廃棄の鰯を加工販売し超人気の新村一成氏の事例は、すでに藻谷浩介他［2013］『里山資本主義』でも紹介されている[*171]。新村氏の場合、2010年に松嶋氏との出会いが起点になる。今まではイリコに適さないと廃棄していた大きすぎる鰯を、オイルサーディンにするアイデアを松嶋氏から得て、販売を開始し、純国産品としてブレイクしたものである。いずれも、彼らを受け入れ、見守り、支援の手を差し伸べる地元の人たちがあればこその話ばかりである。

　そうした度量の広さや開放性、人懐っこさは、周防大島の歴史と風土が創り出してきたものといえる。この島が生んだ2人の巨匠、民俗学の宮本常一、演歌の星野哲郎にも、そうした文化遺伝子が脈打っており、まさにその体現者といえよう。

　周防大島は海上交通の要衝として、古くから交易・交流が盛んで、開放的な風土をつくりだし、国内外に出稼ぎや移民をたくさん送り出してきた。正月や盆に帰省、契約を終えて帰国、あるいは故郷に寄付するなど、ひと・もの・カネの循環もそこにみられた。

　しかし、高度成長とともに、島から出ていく一方の傾向が目立つようになり、それまでの一定の循環が断ち切れていく。そして、日本一高齢化の進んだ地域になり疲弊化も進むなか、それに抗する新たな流れも生み出されつつある。

　Iターン・Uターンの「よそ者・ばか者・若者」たちの知恵やエネルギーをかした産業・地域づくりが、島外とのひと・もの・カネの循環を取り戻していく活動としてよみがえりつつあるのである。いずれも一筋縄には進まず試行錯誤を伴うが、地域の危機感と新たな生きがいや使命感とも結びつき、それをバネに切り拓いていく。そうしたモデルも随所にみられる。

　循環型農業の創意的な挑戦は、実に興味深いものがある。そこでつくられた農畜産物がひととひとを結びつけ、洗練化した食品加工、流通、観光へ産業循

環システムとしてつながっていく。それらの試みと営みは、持続可能な産業・地域づくりとして、21世紀的な課題に応えるものといえよう。辺境の地から、21世紀をリードする新たなモデルが生まれつつある。

6. 知的職人による等身大のシステムづくり

6.1 地域の誇り・アイデンティティを磨く域外交流と域内循環

　戦後の日本社会は、地域からの「離陸」をテコに「経済成長」を図るなか、地域システムの疲弊化をもたらしてきた。

　高度経済成長のもと、大都市部への人口移動が加速し、東京一極集中の様相が顕著になる。地方都市はMIN東京と化し、農山村では人口が急減し、ヒト、モノ、カネの域外流出が顕在化するに至った。その是正に向けての地域振興も図られたが、中央主導のタテ型行政のもと、地域の個性や固有の風土・文化は顧みられず、全国一様に画一的な開発政策が展開された。

　その結果、一方では地域への誇りやアイデンティティの希薄化が進行し、他方ではそのことが若者をはじめ住民の流出を促し、少子・高齢化とも重なって、ひとの空洞化が進行した。また、自治体財政の逼迫化や赤字鉄道在来線の廃止、大型店の閉鎖などに伴い、まちの空洞化へと波及する。むらの空洞化は、より深刻な様相を呈し、自然災害など困難な事態を機に住民のあきらめが広がると、「限界集落」化を余儀なくされる。

　資本主義は、「共同体からの個人」・「自然からの人間」の独立という「二重の離陸」[172]を通して展開してきた。しかし、その矛盾が深刻化するなか、コミュニティ・自然（その容器としての地域）への着陸が求められている。市場経済の時間の底には、共同体、自然という、よりゆっくりと永続的に流れる時間がある。人間にはそうした時間が必要で、その価値を重視するのが「着陸の思想」である[173]。

　「田舎の田舎」への「田園回帰」の流れも、近年、顕在化してきている。それ

を促し、支える地域の仕組み・主体づくりが求められている[*174]。

　藻谷浩介他［2013］は、お金の循環がすべてを決するマネー資本主義の経済システムの横に、お金に依存しないサブ・システムの再構築をと、里山資本主義を提示する。森や人間関係といったお金で買えない資産と生活の知恵や最新テクノロジーを結びつけることで、お金の循環が滞っても、水や食料、燃料が手に入り続ける安心と安全のネットワークを創り出そうというものである。

　ひとの思いと価値共有、交流による学び合い・磨き合いを軸にした地域づくりを提案するのが、小田切徳美［2014］である。

　地域づくりには、住民の思いが最も大切で、その明示化と共有が力となる。地域（農山村）の宝を映し出す鏡となるのは、外部（都市住民）の目や声である。ゲストとホストが学び合い感動と自信を交流する。地域づくりの交流循環とは、ものとカネの域内循環をベースに、ひとの域内・域外循環を進めることである。

　「図表11　循環型地域づくり──域内循環と域外交流」にみるように、循環型地域づくりには、①誇りづくり、②暮らしの仕組みづくり、③カネとその循環づくりの3つの柱が大切である[*175]。

　この3者は、①主体、②場、③条件であり、循環視点からみると、①文化循環、②生産循環、③金融循環として捉えることができる。都市と農村の交流は、一方では「交流の鏡」効果を通じて①誇りづくりに貢献し、他方では交流産業として③カネとその循環づくりに直接つながっていく。そして、新しい価値がプラスされると、外部者の訪問・交流を促すとともに、暮らしの仕組みにも反映されるというプロセスは、「プラス循環」とみなすことができる。

　このアプローチは、「働きつつ学び研究する」（「働・学・研」融合）活動とも共鳴する点が少なくない。

6.2　知的職人による循環型産業・地域づくり

　「働く」「学ぶ」「研究する」は、深くつながっているが、日本社会では長らく分割して捉える傾向が見られた。「学ぶ」は学校、「働く」は企業や自治体、「研究する」は大学など研究機関にて、あるいはものづくりは企業、ひとづくりは学校、まちづくりや地域や自治体にて行われる、というように。

図表11 循環型地域づくり──域内循環と域外交流

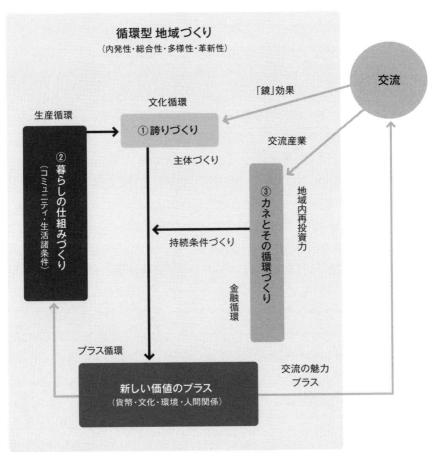

注：小田切徳美［2014］の「図2-2 地域づくりのフレームワーク」（69ページ）に基づき、編集した。
産業・地域循環の視点から、①は文化循環、②は生産循環、③は金融循環として、また「新しい価値のプラス」は「プラス循環」として、捉え直している。

「働く」「学ぶ」「研究する」を主体的につなげての「働きつつ学び研究する」活動、すなわち「働・学・研」融合による仕事の進め方は、まさに「手づくり」による等身大の産業・地域システムづくりに他ならない。わが産業研究のプロセスも、等身大のアプローチとして位置づけることができる。

　外山滋比古［1986］は、大学人（などの知識人）と社会人との比較視点から、働くものの思考とその成果に光をあてたものとして、注目される*176。

　これまでは、「見るもの」「読むもの」など知的活動による頭の中の世界（第2次的現実）の思想が尊重されてきた。「働くもの」「感じるもの」（第1次的現実）の思想は、価値がないと決めつけられてきたのである。

　むしろ、第1次的現実は、複雑に絡み合う多様な課題と価値の坩堝でもあり、「額に汗して働くものもまた独自の思考を生み出す」。

　第2次的現実が第1次的現実を圧倒している現代においては、人々の考えることが抽象的になり、言葉の意味する実態があいまいになる。映像などによって具体的であるかのような外見をしていても、現実性は著しく希薄である。

　それゆえ、「1次的現実に着目する必要がそれだけ大きい」。社会人の思考は、第1次的現実に根を下ろしていることが多い。「汗のにおいのする思考がどんどん生まれてこなくてはいけない」という。それは、まさに社会人研究者に対するエールにほかならない。

　しかし、第1次的現実から生まれる思考は、既存の枠組みの中におとなしくおさまっていない。「真に創造的な思考」は、そうした「第1次的現実に根ざしたところから生まれうる」。それを単なる着想、思いつきに終わらせないためには、システム化を考える必要がある。それは、「等身大のシステム」づくりにも深くつながる。

　わが産業システム・アプローチ、ものづくり・ひとづくり・まちづくり、山・平野・海を三位一体的なシステムとして捉えるという理論的・政策的な提起は、そうした課題に応えるものといえよう。

　それらの課題を担う創造的な主体、いわば現代の知的職人にあたるのが、社会人研究者とみることができる。

　これまでにない創造性が各職場・地域に求められるなか、その手がかりは、自らの仕事をより深い視点から見つめ直すことにある。それを通して、産業、経

図表12　「働・学・研」融合の循環型産業システム

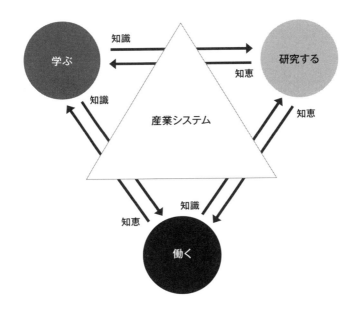

注：十名［2012］第10-11章に基づき、筆者作成。ここでの「学ぶ」は、「まねぶ」「習う」「勉強する」の意。
「研究する」は、学んだことを創造的に発展させること。広義の「学ぶ」には、両者が含まれる。

営、地域の諸課題を掘り下げ、創造的に捉え直し、政策的な提起につなげていく。まさに、「働きつつ学び研究する」（「働・学・研」融合）活動にほかならない。

「働く」「学ぶ」「研究する」は、産業と地域の現場を支える基本的な要素である。それら3要素は、深くつながっており、創造的な現場では共鳴し合い循環している。それを描いたのが、「図表12　「働・学・研」融合の循環型産業システム」である。

循環型産業システムを機能させるポイントは、2つあるとみられる。1つは、適切な見取り図と道標である。大局的かつ中長期的な視点を織り込んだ深い理論と政策が、それにあたる。

2つは、それを担いリードする主体である。それらの課題を担う創造的な主体が「知的職人」であり、経営や地域の現場で「働きつつ学び研究する」社会人研究者はその重要な一翼を担う。自らの仕事や人生をより深く捉え直そうと

する活動は、まさに研究にほかならない。

　働く現場は、情報と経験知の宝庫でもある。生きた現場情報の膨大な渦の中にあって、五感を通して体験・入手できる。それを自覚し、明瞭な問題意識や視点と結びつけることにより、種々のハンディキャップを乗り越え、創意的な研究も可能になる。社会人研究者の可能性と役割もそこにあるといえよう。

　近年では、定年などで退職された方も増えているが、長年働いた仕事と職場のアイデンティティは朽ちるわけではない。むしろ、その経験知（その多くは暗黙知）を引き出し、研究としてまとめていく可能性を秘めた人材といえよう。

終章

21世紀ものづくりシステムへの創造的挑戦
—— 日本学術会議報告書[2008]をふまえて

1. はじめに──日本学術会議報告書[2008]との出会い

　日本学術会議のものづくり報告書を「発見」したのは、本の原稿が出来上がり、出版社とすり合わせを行っていた段階のことである。題名をめぐって、「21世紀型ものづくり」という表現が、論点となった。そこで、その社会的な広がり度合いをインターネットで調べていくなか、下記の報告書に遭遇したのである。

　日本学術会議機械工学委員会生産科学分科会［2008.9.18］「21世紀ものづくり科学のあり方について」(http://www.scj.go.jp/ja/info/kohyo/pdf/kohyo-20-h64-2.pdf)。

　本報告書は、21世紀ものづくり科学を構想し、そのあり方と課題について機械工学の視点からまとめられたものである。興味深い労作であり学ぶべき点も多いが、本書との見解の違いもみられる。そこで、本書との比較視点から社会科学的に捉え直し、本報告書の到達点と課題を明らかにしたい。

2. 日本学術会議報告書[2008]の意義

2.1 「ものづくり」の定義と役割の明確化

　日本学術会議報告書(機械工学委員会生産科学分科会［2008.9.18］)の意義として、次の点があげられる。

　第1は、「ものづくり」とは何かを定義し、明らかにしたことである。

　原点をなす「ものづくり」の定義は、「ものづくり基盤技術振興基本法」(1999年) および『ものづくり白書』(経済産業省・厚生労働省・文部科学省、2002年〜各年版)ではなされていなかったものである。

　それゆえ、下記にみる定義には幾つかの論点もみられるが、画期的な意義を持つといえよう。

　「ものづくり」とは、「人間社会の利便性向上を目的に人工的に「もの」(形あ

る物体および形のないソフトウェアとの結合を含む）を発想・設計・製造・使用・廃棄・回収・再利用する一連のプロセスおよびその組織的活動であり、結果が社会・経済価値の増加に寄与できるとともに、人間・自然環境に及ぼす影響を最小化できること」である。

第2は、「ものづくり」がもたらす3つの役割と変化に注目し、適切な対処と配分の重要性を提示していることである。

ものづくりがもたらす価値は、人間社会に利便性を供与するという1つ目の役割（供給者側の義務）が高度化するとともに、「もの」の使用者が享受できるサービス、安全。安心の付加という2つ目の役割（使用者側の権利）、さらには省エネルギーなど自然環境にも調和しなければならないという3つ目の役割（自然環境側の要求）へと拡張している。

2.2「ものづくり科学」と「人工科学」の提唱

第3は、「ものづくり科学」の提唱である。

わが国におけるものづくり研究の分散化・細分化に警鐘を鳴らし、「ものづくり科学」をめざすわが国初のアプローチとみられる。学術が中心になって分散的に存在するものづくり関連の知見を集約・拡充し、「ものづくりの種」を積極的に創出するというものである。

従来の「設計生産工学」ないしは「製造工学」を「ものづくり科学」の中核に位置づけ、既存の研究室を連携・統合して総合的に対処できる「ものづくり研究拠点」の形成を提起している。

第4は、「ものづくり科学」をより広げての、「人工科学」の提唱である。

人間を含む自然物や人工物を人為的に回復ないしはつくることを目的に振興されてきた工学、農学、林学、水産学、医学等は、応用科学と呼ばれる。最近では、従来の応用科学とは一線を画す情報科学、ナノテクノロジー学、バイオ・ライフサイエンス学、環境科学などの先端科学が発展してきている。

これらに数学を含めて一括りにするのが、「人工科学」である。自然の存在を対象にするのではなく、人間の脳裏で構想し、人間を含む自然物や人工物を人為的に回復ないしはつくることを対象にした学術体系として位置づけている。

3. 日本学術会議報告書[2008]の論点と課題

3.1「ものづくり」とは何か

　日本学術会議報告書[2008]には、原点に立ち返り見直すべき論点も少なくない。
　第1は、「ものづくり」の定義が、従来の価値観上に「製造」をベースにしたものにとどまっていることである。
　ものづくりの目的は、「利便性向上」だけでない。むしろ、それに偏向してきたことがさまざまな問題につながり、今や厳しく問われに至っている。「利便性をはじめとする生活価値の向上、自然・社会を含む環境改善」が織り込まれてしかるべきであろう。
　また「つくる」ことの定義については、「人工的」につくる一連のプロセスとしており、「製造」をベースにしたものとみられる。その延長線上に、「ものづくり科学」を構想し、さらに「人工科学」へて展開している。
　このような定義は、工業社会における見方をベースにしたものにとどまり、21世紀の諸課題を切り拓くことができない。

3.2「ものづくり」の定義をめぐる行政への忖度

　第2は、「ものづくり」の定義にあたっては、行政への配慮が先行し、学術的な検討が根底からなされたものとはいえないという点である。
　「『生産』ないし『製造』の用語が『ものづくり』へと変更され、その概念が拡張してきた状況」が、まず前提とされている。変更された理由は、「第3期総合科学技術基本計画等において、国では従来『製造技術分野』と呼称していたものを『ものづくり技術分野』に変更したことを尊重していることによる」という。
　「製造」が「ものづくり」に置き換えられたすぎない。「ただし国では、『製造』ないし『生産』と『ものづくり』の意味を十分に吟味した上での用語変更では

なかったと推量される」との批判的なコメントもみられる。にもかかわらず、行政の意向を忖度するあまり、学術機関としてなすべき根底からの見直しがなされていない。

わが国最高の学術機関である日本学術会議が、なぜこのような定義にとどまっているのかが問われねばなるまい。最高学術機関としての矜持そして独立性がゆらぎ、行政機関の権威に伏している状況といわれても仕方あるまい。

3.3 問われる日本「ものつくり」伝統の軽視

第3は、「ものづくり」の定義にあたって、日本の伝統的な知恵がふまえられていないことである。

「ものづくり」という表現は、「ものつくり（物作り）」に由来することは誰もが認めるところである。「ものつくり」は、「耕作をすること」「農作」が原義である。また、「小正月の祝いの行事」という意味もあり、「ことづくり」の視点も含まれている。発音での「ものづくり」の表記は20数通りあり、半世紀を超えるものもある。しかし、『広辞苑』だけでなく多くの国語辞典において、今なお「ものづくり」の項目はみられない。農業社会から工業社会へと急激にシフトするなか、「ものづくり」≒「製造」をイメージする風潮が強まり、それが独り歩きするようになっている。そのことへの文化的なためらいが、働いているのではと推察される。「ものづくり」の定義にあたっては、こうした伝統と歴史的背景への学術的な配慮が不可欠といえよう。

「ものづくり」いう言葉、その発音と多様な表記の奥には、「製造」だけでなく「農作」「耕作」、さらにはその「祝い」といった「ことづくり」の意味も込められているのである。「ものづくり」という言葉が、近年広く受容され深い反響を呼んでいる背景には、地球環境の危機や日本社会の閉塞感を打ち破る可能性を秘めた言葉としての期待が込められているとみられる。

「ものづくり」の定義は、そうした時代的な雰囲気と期待、課題に正面から答えるものでなくてはなるまい。

3.4 社会科学的な「生産」概念の欠落

　第4は、「「生産」ないし「製造」」といった表記などにみられるように、「生産」と「製造」がほぼ同義とみなされている点である。

　本報告書では、『広辞苑』での定義を下記のように引用して、両語の区別にも言及している。

　「広辞苑によれば、「生産」とは、「人間が自然に働きかけて、ひとにとって有用な財・サービスをつくりだすこと、もしくは獲得すること」であり、産業分類からは、第1次産業（農林業、水産業）と第2次産業（鉱業、製造業、建設業）に属するが、最近では第3次産業のソフトウェアを含ませることもある。」

　「それに対して「製造」とは、「工業製品（商品）にするために原材料を加工すること」とし、第2次産業の生産に限定して用いている。」

　上記のような引用と考察がなされているもかかわらず、「生産」と「製造」がほぼ同義とされ、「ものづくり」も「製造」をベースにし、その延長線上の構想にとどまっている。その必然的な帰結として、「ものづくり」の定義は工学的な知見にとどまり、農学的な知見のみなら社会科学的な知見もふまえられていないように見受けられる。

　『広辞苑』では、「生産」は「製造」のみならずより広義な概念として定義されている。「生産」には、「有用な財」をつくりだすという「ものづくり」だけでなく、「サービスをつくり出す」という「サービスづくり」まで含まれている。「有用な財」は、「製造」物だけでなく、農作物も含まれることはいうまでもない。

　機械工学委員会の報告書ゆえの限界というか仕方がないのかもしれない。むしろそれゆえにこそ、農学的さらには社会科学的な知見にも学ぶという学術的な謙虚さと度量が求められるのではなかろうか。

3.5 日本の伝統的な知見が反映されていない「有形」・「無形」概念

　第5は、有形と無形の区分と捉え方が、下記の記述にみられるように、あいまいで定かではないように見受けられるという点である。

　「従来の「製造」は形のある工業製品をつくり供給することを主たる目的にし

ているのに対して、「ものづくり」では、元来形がない「情報」と、「情報」と一体化した工業製品、さらには形のない気体や液体の材料的製品、食料、医薬分野における工業製品をも対象とし、その総称として「もの」と称することにする。」

「形のある（すなわち有形の）工業製品」だけでなく、形がない（すなわち無形の）「情報」さらには「形のない気体や液体の材料的製品」なども、「もの」に含めている。しかし、有形なものは、固体だけではないはずで、液体も当然含まれよう。牛乳や果汁などは有形の最終製品であるとともに材料的製品でもある。気体にあっても、地球温暖化の焦点となっている二酸化炭素などは量に換算されうるし、有形のものとみなすことができよう。

また、無形の「情報」と上記の「気体や液体の材料的製品」を同次元で捉えることは問題が少なくなかろう。元来無形な情報が、システムとして何らかの形で組み込まれて有形物として現れる。「情報」がシステムとして組み込まれた工業製品は、有形なものである。「情報と一体化した工業製品」と「情報」は、同次元で捉えることはできない。

「有形」「無形」の概念については、能楽や茶道をはじめとする日本の伝統芸能や芸術における深い知見があり、文化財保護法などにもそれが織り込まれている。それらの知見をふまえての工学的な深化が求められているといえよう。

4. 自然と人工の融合をめざす「21世紀ものづくり」の発展に向けて

4.1 「人工」・「人工物」把握で問われる地球的自然観

本報告書のキーをなす「人工」あるいは「人工物」とは何か。それが、根底から問われねばなるまい。

報告書の重要な個所で、下記にみられるように「人工物」「人工」という言葉が再三登場する。「人間の生産活動の成果としての人工物が人間社会に役

立ち、かつ自然環境と調和すべきことは今日必然であり」、「人間社会の利便性向上を目的に人工的に『もの』」等。

「人工」とは何か。『広辞苑』では「人手を加えること。また、人力でつくりだすこと」とある。「人工」と対になる言葉は、「自然」さらに絞れば「天然」である。「天然」とは、「人為の加わらない自然のままの状態。また、人力では如何ともすることのできない状態」とある。

地球上には、人が全く手をつけず足を踏み入れていない、文字通り天然の地はほとんどないといえる。ほとんどが何らかの「人為」「人手」が加えられている。地球温暖化をはじめ様々な環境破壊の影響は、極圏の地、深い海底、大気の上空、地球的循環活動にまで及んでいる。したがって、地球的自然の大半は、人工的自然といえるであろう。

一方、「人工物」の典型とされる「製造物」も、人手がすべてつくりだした「人工物」ではない。その原材料は、地球的自然から取り出したものであり、それに手を加えたものに過ぎない。地球的自然そのものも、宇宙からの隕石と地球の生命体、太陽エネルギーが協働して創り出した産物である。

「人工物」そのものも、「自然物」とつながっており、「人工的自然物」という表現がよりふさわしいかもしれない。「製造物」のみならず「農産物」も、「人工的自然」の産物に他ならず、「ものづくり」の両翼を担っているのである。

そもそも、「人工」「人工物」という一般的な基準で区分することに問題があるとみられる。

産業の区分は、「人工」というあいまいな基準でなされているわけではない。自然に対する人間の働きかけの仕方の相違、すなわち労働手段、労働対象、およびそこでつくりだされる生産物の相違によって区分される。とりわけ、産業の基本をなす農業と工業は、基本的な労働手段の違いによって区分される。

基本的な労働手段が、人工物で構成されているのが工業、自然に与えられたもので構成されているのが農業である。農業にあっては、直接的労働手段の主なものが自然の容器（土地および海洋、湖沼）であり、その再生産には人間の制御が深く及んでいない。工業の場合、その再生産を人間が「制御」している。しかし、より広義にみると、その「制御」は地球的自然の循環活動にまでは及んでおらず、その人工的攪乱が深刻な地球環境問題を引き起こしている。

「人工」「自然」という一般的な基準ではなく、基本的な労働手段さらには再生産のコントロールの度合いといったより踏み込んだ視点からのアプローチが求められる。

4.2 より包括的な「ものづくり科学」さらには「融合科学」への発展

　本報告書は、「ものづくり科学」さらには「人工科学」を提唱している。そうした括りと枠組みが、果たして21世紀の諸課題を担うに相応しいものかどうかが問われよう。

　本書がこれまで力説してきたのは、「製造」にとどまらず「農作」をも含む概念として、「ものづくり」を捉え直すことの必要性と大切さである。その視点をふまえれば、工学をベースとする「ものづくり科学」は農学をも含めて捉え直さねばなるまい。

　「人工科学」についても、「人工」が「自然」との接点と融合を深めている21世紀にあっては、むし「融合科学」として打ち出すのがよりふさわしいのではなかろうか。

　「人工」あるいは「人工物」を特別視して「人工的自然」や「自然」と切り離すという近代科学と技術のアプローチが、地球的自然と人類の危機を招いているとの深い反省が求められている。そうした反省と課題を担うのが、より包括的な「ものづくり科学」さらには「融合科学」になるのではなかろうか。

5. おわりに
　　　── 循環型ものづくり理論と政策への社会科学的視座

5.1 循環型地球資源観と「ものづくり」・「ひとづくり」

　今やサービスの時代であり、ものづくりは時代遅れ、とみなす風潮が強い。一方、ひとづくりは別格であり、ものづくりと並べるのはおかしい、「ひとづくり」

と言うのもおこがましい、という主張もみられる。

　ひとは、他の動物と違って未熟なまま生まれてくる。20年前後もかけて、育児や学校教育、労働などを通して、彼らの体、頭、心を一人前に育てていく。それも無からではない。各人が持って生まれた多様な潜在能力を引き出し磨いていくのを支援するという形をとる。それは、「ひとづくり」とも呼ばれ、多様な形で生涯続き、人間らしい生涯発達を促していくのである。

　植物を育てる農林業の営みをみると、野菜や木材などの「もの」を生み出す。土地を耕し、種子をまくと、太陽や風雨、土壌の微生物や成分などによって、育っていく。肥料や水をやる、雑草を抜くなどは、その支援にあたる。それも、「ものづくり」である。

　「つくる」とは、生命の設計情報という潜在資質が顕在化するのを支援することでもある。「ものづくり」と「ひとづくり」には、共通した面が多分に含まれているといえよう。

　「ひとづくり」の特別視には、「もの」を蔑視し、「ひと」を特権視する尊大さも垣間見える。「もの」であれば、何をつくろうが、どう使おうが勝手である、とみなすようなシステムや思想が、地球の環境破壊、資源劣化・枯渇をもたらしてきたとみられる。

　「もの」は、地球の資源からつくり出されたものである。人間の労働は、ゼロからつくるわけではなく、地球資源を引き出し、それを加工するに過ぎない。しかも、地球資源は有限であり、無限ではない。そもそも地球資源の素は、隕石すなわち宇宙からの贈り物（＝宇宙資源）である。地球資源は、宇宙資源と太陽、地球の生命が協働してつくりだしたものである。

　21世紀ものづくり観は、「もの」観の転換をベースにする。自然物はいうまでもないが、人工物としての「もの」は、無から人間労働によってつくられたものではない。有限な地球資源からつくられたものであり、人間労働によりその一部が加工されたものである。「もの」は、その多くが生きとし生きるものである。「草木国土悉皆成仏」（現代的にいえば広義の知性）が息づいている。

　そうした「もの」は、人間とも深くつながっている。それゆえ、「もの」を蔑視し粗末にすることは、人間にも跳ね返り、人間を粗末にすることにもつながる。

5.2 生命・ものづくり、自然・人工・人間の知性を問い直す

　十名［2017.1］「ものづくり経済学の理論と政策」は、これまでの研究成果を軸にして新たな視点も織り込み、体系的に編集したものである[*177]。新たな視点として、「ものづくり」という言葉が社会に浸透していく（反発・受容・共鳴）プロセスに光をあて政策的な視点からその意味を明らかにしたこと、ものづくり経済学とは何か、なぜそれが必要なのかをより明確にしたことなどがあげられる。

　さらに本書では、十名［2017.1］をめぐるコメントや質疑応答をふまえて、下記の点などを中心に深化・拡充を図っている。

　1つは、有形・無形の視点に加えて、「型」論における時間・空間の視点について深め、図表を見直し、時間・空間の矢印が示す意味を明示したことである。

　2つは、伝統的な草木国土悉皆成仏の思想と最新研究をふまえた植物観を結びつけ、動物にも目を向けて、ものづくり観を深めたことである。自然と人間、自然と人工の関係をふまえて、「もの」を捉え直す。それは、ものづくりにおける「働き」を、人間の視点だけでなく、動物や植物など地球的な視点から捉え直すことでもある。

　3つは、ものづくりとは何かをめぐる2つの潮流をより深く分析したことである。とくに、「転写」論については、生命の設計情報をめぐる「転写」・「翻訳」の視点から多面的に批判している。

　4つは、技術の高度化・システム化の視点から人工知能とものづくりについて取り上げ、人間の存在意味を問い直していることである。人工知能の「知性」について、植物の「知性」やチンパンジー、人間との比較視点から分析している。

5.3 ものづくり経済学と現代産業論の発展に向けて

　「型」、「ものづくり」という日本の風土・産業・文化が生み出した概念・思想・理論を掘り下げ、日本発ものづくり経済学として捉え直し、現代産業論として提示した。それは、多様な価値を生かした「等身大の循環型型産業システム創

造」という21世紀的課題に応えようとするものである。
　しかし、ものづくり経済学さらには現代産業論としてみると、理論と政策のいずれも粗いデッサン、論点の提示にとどまっているとみられる。企業・社会・地域ものづくり産業システム論として、発展させる礎になれば幸いである。

あとがき

1. 原点（座標軸）としての鉄鋼生産現場

　産業研究のわが歩みは、試行錯誤しながらの遅々としたものであった。それを語ることに、とりわけ本という形で開陳することに、何の意味があるのだろうか。そうした内なる声も聞こえてくる。

　研究のプロセスを体系的に示すことは、学術論文としてみると一定の意味もあろうが、アカデミズムの狭い世界にとどまりがちで、それを超えることは難しい。本にすると、一般読者の目に触れる機会や可能性が拓けるが、出版環境が厳しさを増すなか、そのハードルは一段と高くなっている。それをクリアするには、学術的水準はもちろんのこと、読み物としての魅力、学びがいのある内容も求められる。

　大学卒業後、製鉄所の生産現場で21年、大学に転じて26年目となり、いつのまにか研究・教育現場の方が長くなっている。しかし、その原点となり座標軸となっているのが、鉄鋼生産現場での仕事・交流そして（勤務外の）研究である。それを活かそうとしての「働・学・研」融合（「働きつつ学び研究する」）活動も、半世紀近くに及んでいる。

　鉄鋼産業および陶磁器産業の研究において、資源、技術、技能、労働、生産、販売、経営などの各分野研究および論文化は、その折々に進めてきた。それらの成果は、それぞれ独自なものであるが、それらをつなぎ合わせ体系的に編集するには、一味違う創造的な視点や手法が求められる。それも、オリジナルな研究の重要な一角をなす。

2.「絵になる？」産業研究の歩み

　「君の研究の歩みは絵になるので、まとめてみては」とのアドバイスを、恩師（池上惇・京都大学名誉教授）からいただいたのは、数年前のことである。それに力を得て、それまでの研究の総括を初めて試みたのが、十名［2012.7］『ひと・まち・ものづくりの経済学』の序章である。本書も、そうした試みの1つであるが、この数年間の研究と反省をふまえ、定年退職が1年数カ月後に近づくなか、半世紀近い産業研究の歩みに1つの区切りを付けるべくまとめたものである。

泥まみれの如きわが歩みが、果たして絵になるのか、また「絵になる」とはどういう意味かを自問してきた。次の3点は、それを考える手がかりになるかもしれない。

1つは、わが産業研究の歩みは、産業をめぐる世界的な潮流と価値観の変化にも深く連動しているとみられることである。

鉄鋼産業研究20数年から陶磁器産業研究10年余に至る30数年は、個別産業研究を中心とする前期から中期にあたる。それは、グローバル大企業・重化学産業研究から中小企業・地場産業研究へ、いわば「大きいことは価値がある（large is great）」から「小さいことはすばらしい（small is beautiful）」へのパラダイムシフトとも軌を一にしていたことである。

2つは、個別産業研究を通して、産業研究の理論化への手がかり、すなわち基本的な手法と視点を提示してきたことである。

鉄鋼産業研究では、「日本型フレキシビリティ」（日本型生産システム論）の視点と産業システム・アプローチの手法を浮かび上がらせ、それに基づき体系化した。陶磁器産業研究においては、独自な「型」論を導き出し、その視点から体系化するとともに、現代産業論の基本視点を提示した。

3つは、近年、現代産業論さらに日本発ものづくり経済学として、上記の基本視点と手法をより一般的な形に理論化・体系化してきたことである。その試みは、「もの」から「こと」への展開とみることもできる。

等身大の産業・地域づくりの主体形成に関わる「働・学・研」融合論も、40数年にわたる自らの現場労働と研究・教育を通して紡ぎ出し、理論化したものである。

3. 本書に息づく珠玉のアドバイス

それらをデッサンした十名［2017.1］「ものづくり経済学の理論と政策」は、本書の叩き台となった。その抜刷をネタにして学会・研究会などで報告し、多くの方からコメントやアドバイスをいただき、本書の深化・拡充につなげる。

とくに、日本経済政策学会中部部会（2016.11.26）、経済理論学会東海部会（2017.2.25）、日本経営学会中部部会（2017.3.18）において、酒井邦雄氏（愛知学院大学）、高橋勉氏（岐阜経済大学）、浅井敬一朗氏（愛知淑徳大学）の各コメンテーターなどから貴重なコメントをいただき、それへのリプライ（文書）などを、本書にも一部織り込んでいる。

その後、十名［2017.1］に対する体系的な批評論文（高橋勉［2017.8］『ものづくり経済学』の特徴と可能性―十名直喜氏の所説に寄せて―」）にも出会う。ものづくり経済学の深化・発展に向けて提示された多様な論点・視点と急きょ向き合い、リプライとしてまとめつつ、本書にも反映させている。
　いずれも、対話編として本書に組み込むことを検討したが、熟慮の末、幻の第7、8章となった。別の形で公表できればと考えている。
　「完成稿」が出来上がった後も、恩師（池上惇）をはじめ高橋勉、仙道弘生、太田信義、井手芳美、十名洋介の各位に目を通していただき、貴重なコメントをいただいた。それらをふまえ、原点に返って見直し洗練化を図ったのが本書である。
　恩師からいただいた次のようなコメントには、「絵になる」とは何かが、深く示唆されているように感じられる。
　「ご自身の研究史の総括から入る構成、説得力があって、驚きました。いま、これから研究の道に入る社会人のことを考えています。
　十名さんが、ある意味で、不遇・辛苦の中で、大企業体制の中で、精神的にも疎外されながら、それでも、置塩先生はじめ、十名さんの鉄鋼研究に参加した各位との学術的・人間的なつながりの中で、一貫して人間性を貫かれ、真実を見る目をレジリエンス（生命の再生力）のなかで、育てられ、珠玉ともいうべき現場の真実を発見されました。
　これは、経験価値の負の要素を対話環境や育ちあい・学習環境によって、正の経験価値に転換されたことを意味します。ある意味では、経験価値のもつ、正負の二重性と、転換の可能性ともいえるものですが、経験価値を生かす学習力（learning by doing）の実現として記録されておくことも有意義ではないかと、感じました。」（池上惇、2017.7.3）

4. 現代産業論への文化的アプローチ――わが研究史の総括から入る構成

　個別産業研究をふまえ、その理論化・一般化を図った本書は、生産現場と社会科学の府にまたがる深い体験と思索を通して紡ぎ出されたものである。したがって、自らの「研究史の総括から入る構成」は、現代産業論を体系的に提示する上で、筆者にとって欠かせないアプローチであったといえる。
　しかし、これまでの現代産業論には、なじみにくいアプローチでもある。自らの働き

様、生きざまに触れつつ、それを理論化・一般化に活かしていく。それは、まさに「現代産業論への文化的アプローチ」にほかならない。それをクリアすることは、至難の業であるが、その意義は極めて大きい。現代産業論では初の挑戦であり、他の分野でも希少とみられる。それを果たすことは、生産現場と社会科学の府、両者のエポックを深く体験した筆者に課せられた使命と感じている。

それゆえ、「説得力があって驚きました」の評価は、身に余るものであるが、大変ありがたく勇気づけられる。ただ、「これまでのご著書を読まれていない読者には、よくわからない箇所が散見されます」(仙道弘生)との指摘も貴重である。それをできるだけ少なくすべく、物語として内容や背景が理解できるように心がけた。

思えば、本書そのものが(先人・仲間等との)「対話」を通して紡ぎ出されたものといえる。本書は、ものづくり経済学さらには現代産業論の理論と政策を提示するだけでなく、それを「紡ぎ出すプロセス」にも光をあて「見える化」を図ったものである。いわば「ことづくり」として捉え直したものであり、そこにもう1つの特徴がある。

5. 謝意

なお、本書の出版にあたっては、名古屋学院大学の研究叢書として出版助成の恩恵に与った。お世話いただいた総合研究所の関係者各位に深く感謝したい。また、出版環境が厳しさを増すなか、出版にご尽力いただいた仙道弘生社長はじめ水曜社の各位には心からお礼申し上げる。

本書には、40数年のわが研究・労働の歩みと物語、そして多くの方の温かい眼差しとご指導・ご支援が詰まっている。本書を通して、多くの方に示唆と勇気を与えることができればと願っている。

〈追記〉
ものづくりと経営の原点に立ち戻ろう！

　本書の校正をほぼ終えた2017年10月中旬、神戸製鋼所の品質改ざん問題が飛び込んできた。神戸製鋼所は、わが仕事と研究の故郷でもある。そこでの前代未聞の不祥事に心を痛めている。「一体なぜ？」と聞かれることもある。また、本書とどうつながっているのかなど、関心を抱かれる読者も少なくなかろう。そこで、簡単に追記しておきたい。

　複数現場にまたがる品質改ざんの常態化は、不正の連鎖を生む企業風土、経営陣の統治能力の欠如、ものづくりのコアをなす品質管理の現場任せ、いわば現場への押しつけ、それに伴う現場の疲弊と慢心などが生み出した、悪循環の構図といえよう。

　それは、1990年代のわが3部作において、日本的経営および日本型鉄鋼産業システム（そのコアをなす「日本型フレキシビリティ」）の負の側面として警鐘を鳴らし、システム改革の必要性を提起した視点とも深く関わっている。

　20数年後の2017年9月には、経済社会学会全国大会が名古屋学院大学で開催された。その共通論題では、小論「日本的な働き方と変革への視座―働くことの意味とあり方を問い直す」を発表した。日本のものづくりを中心に、日本的な労使関係と経営の歴史的変遷をふまえて、本書の視点からまとめたものである。

　日本のものづくりへの信頼は、日本的経営の根幹をなしてきたといえる。近年、東洋ゴム工業の免振ゴムの性能偽装、三菱自動車の燃費データの改ざん、旭化成の杭打ちデータの流用、タカタ問題、東芝の巨額損失隠ぺいと計上、そして神鋼の品質改ざん、日産自動車の無資格者検査など名門企業の不祥事が続き、メイド・イン・ジャパンへの評価が根底から揺らいでいる。

　日本のものづくりとは何か、日本的経営とは何か、働くことの意味とあり方とは何か。さらには現場再生の処方箋とは何かが、より深く切実に問われているといえよう。そうした課題については、後日、稿をあらためて提示したい。

注

序章

- *1 竹田米吉［1991］『職人』中央公論社。日本エッセイスト・クラブ賞受賞。
  永六輔［1996］『職人』岩波書店。
- *2 「ものづくりの魅力 身近に」（日本経済新聞社、2008.10.25付）、「工場見学、なぜ今ブーム？」日本経済新聞（2010.8.21付）など。
- *3 十名［2008.4］『現代産業に生きる技―「型」と創造のダイナミズム』勁草書房。
- *4 十名［2010.12］「ものづくりと技術の経済学―「型」と人間発達の視点」『名古屋学院大学研究年報23』。十名［2012.7］『ひと・まち・ものづくりの経済学―現代産業論の新地平』法律文化社、他。
- *5 トフラー，A.［1890］『第3の波』徳山二郎監修、日本放送出版協会（Alvin Toffler［1980］The Third Wave）。
- *6 池上惇［2017］『文化資本論入門』京都大学学術出版会。
- *7 宮沢健一［1975］『産業の経済学』東洋経済新報社。
- *8 コーリン・クラーク［1940］は、産業を第1次、2次、3次の3つに区分した。第1次産業は農林漁業、牧畜・狩猟業、第2次産業は工業的産業（鉱業、製造業、建設業、ガス・電気・水道業）、第3次産業はその他（運輸、通信、商業、金融業、公務、サービスなど）である。経済進歩の諸条件は、単位労働者当たりの実質生産額が増加（すなわち労働生産性が上昇）することとみなし、所得水準の上昇に伴い労働力は第1次から2次、さらに3次産業へとシフトすることを統計的に明らかにした。
  コーリン，C.［1940］『経済進歩の諸条件』（Clark, C.［1940］"The Conditins of Economics Progress, 1st ed., 1940, 3rd ed., 1957）第2版1951年版の訳、大川一司・小原敬士・高橋長太郎・山田雄三編『経済進歩の諸条件』上・下、勁草書房。
- *9 ホフマン［1931］は、工業を消費財産業と資本財産業に区分し国際比較を通して、消費財産業から資本財産業に比重をシフトするという、工業発展の一般的な「型」を示した。このホフマン法則については論点も少なくないが、重化学工業化という工業化の展開過程を明らかにした点に今日的な意味があるとみられる。
  ホフマン，W. G.［1931］『近代産業発展段階論』（W. G. Hoffman［1931］Stadien und Typen der Industrialisierung; 英語新版［1958］The Growth of Industrial Economies）長洲一二・富山和夫訳、日本評論社、1967年。
- *10 マーシャル，A.［1890］『経済学原理1』馬場啓之助訳、東洋経済新報社、1965年（Principles of Economics. Volume 1）。
- *11 ベル，D.［1973］『脱工業社会の到来（上・下）』（Daniel Bell［1973］The Coming of Post-Industrial Society, published by Basic Books, Inc., New York）内田忠夫他訳、ダイヤモンド社、1975年。
- *12 ピオリ／セーブル［1984］『第2の産業分水嶺』（Michael J. Piore & Charles F. Sabel［1984］The Second Industrial Divide, published by Basic Books, Inc., New York）山之内靖他訳、筑摩書房、1993年。
- *13 有沢広巳編［1959-60］『現代日本産業講座』全8巻、岩波書店。
- *14 中村静治［1973］『現代工業経済論』汐文社。
- *15 高橋亀吉［1975］『戦後日本経済躍進の根本要因』日本経済新聞社。
- *16 吉川弘之監修・JCIP編［1994］『メイド・イン・ジャパン』ダイヤモンド社。

1章

*17 十名「大工業理論への一考察（上）（下）」『経済科学通信』第7号・1973年11月、第8・9号・1974年4月。
*18 芝田進午［1971］『科学＝技術革命の理論』青木書店、同［1966］『現代の精神的労働』（増補改訂版）三一書房。
*19 十名「資源危機における日本鉄鋼業の原料炭問題と今後の動向（上）（中）（下）」『経済科学通信』第11号・1975年2月、第12号・1975年6月、第14号・1976年1月。
*20 次の3冊は、いずれも鉄鋼産業をモデルにしている。
①十名［1993.4］『日本型フレキシビリティの構造―企業社会と高密度労働システム』法律文化社。
②十名［1996.4］『日本型鉄鋼システム―危機のメカニズムと変革の視座』同文舘。
③十名［1996.9］『鉄鋼生産システム―資源・技術・技能の日本型諸相』同文舘。
なお①は、自動車産業などとの比較視点から捉えた日本的経営論である。
②③は、日本の鉄鋼産業をモデルにした産業システム論であり、また個別産業論としての日本鉄鋼産業論でもある。
*21 ダートウゾス．M．L 他『Made in America―アメリカ再生のための米日欧産業比較』依田直也訳、草思社、1990年（Michael L. Dertouzos et al［1989］Made in America, Massachusetts Institute of Technology）。
ケニー．M／フロリダ．R［1990］「大量生産を超えて―日本における生産と労働過程」『季刊 窓』4号。
*22 十名［1993.4］、前掲書。
*23 筒井淳也［2015］『仕事と家族―日本はなぜ働きづらく、産みにくいのか―』中公新書。
*24 システム・アプローチは、正確にはシステムズ・アプローチ（systems approach）という（『日本大百科全書』小学館、1994年）。システムとは、単一または複数の目的を有し、構成要素の間に相互規程関係があって、秩序ある全体をなしている対象である。
システム・アプローチは、対象とするシステムの目的（目標）を規定する要素（要因）を抽出し、それらの相互作用を分析して、要素と機能（要因と効果）との関連を明らかにしようとするものである。
*25 十名［2008.4］『現代産業に生きる技―「型」と創造のダイナミズム』勁草書房。
*26 十名［2007.10］「「型」の技術・文化と現代産業論の視点」『名古屋学院大学論集（社会科学篇）』Vol.44 No.2。
*27 ヒントを得たのは、下記の文献である。
池上惇［2003］『文化と固有価値の経済学』岩波書店。
小野二郎［1992］『ウィリアム・モリス―ラディカル・デザインの思想』中央公論社。
モリス．W．［1877］「装飾芸術」内藤史朗訳『民衆のための芸術教育』明治図書出版、1971年（William Morris［1877］"The Lesser Arts, or The Decorative Arts"）。
柳宗悦［1942］『工芸文化』岩波文庫、1985年（文藝春秋、1942年）。
*28 十名［2008.4］、前掲書。
*29 ハンチントン，S.P.［2000］『文明の衝突と21世紀の日本』鈴木主悦訳、集英社。および川勝平太［2002］『「美の文明」をつくる』ちくま新書。

2章

*30 柳宗悦［1942］、前掲書。
*31 梅岩猶彦［2003］『能楽への招待』岩波書店、69ページ。
「無形文化財」は、「演劇・音楽・工芸技術その他の無形の文化的所産」を対象とする人間の「わざ」そのものである。具体的には、わざを体得した個人または個人の集団によって、体現される。
*32 有形文化財」は「建造物・絵画・彫刻・工芸品・書籍・典籍・古文書その他の有形の文化的所産」を指す。そのうち建造物以外のものは、総称して「美術工芸品」と呼んでいる（文化庁ホームページ）。

＊33　スロスビー．D.［2001］『文化経済学入門』（David Throsby［2001］" Economics and Culture"，Cambridge University Press）中谷武雄・後藤和子監訳、日本経済新聞社、2002年。
＊34　ウィキペディア「時間」『フリー百科事典　ウィキペディア日本語版』（https://ja.wikipedia.org/ 2017年9月14日12時20分）。
＊35　西平直［2009］は、世阿弥の「型」論に沿って、「理念」と「形」の中間項として「型」を位置づけている（『世阿弥の稽古哲学』東京大学出版会、107-9ページ）。その指摘をふまえ、図表1は、時間・空間を縦軸、無形・有形を横軸にして捉え直したものである。
＊36　十名［2012.7］『ひと・まち・ものづくりの経済学―現代産業論の新地平』法律文化社。
＊37　「等身大」は、本書においてキーワードの1つでもある。一般的に、「身の丈と同じ大きさ」「境遇や能力に見合っていること」（『広辞苑』）の意で使われている。本書では、人間の五感と洞察力でその全体像とポイントがイメージできる水準あるいは範囲、の意で使っている。
＊38　2種類の仮名（ひらがな・カタカナ）は、漢字の面影を残しつつ、その束縛から解き放たれた表音（音節）文字で、日本人によって新たに生み出されたものである。これは、同じ漢字文化圏に属する朝鮮やベトナムではついにみることのできなかった出来事である（大島正二［2006］『漢字伝来』岩波書店）。
＊39　1908年に、吉田東伍は『申楽談義』を翻刻・紹介した。それを読んだ（安田財閥の祖）安田善次郎が、蔵書中に同様の伝書があることに気づき、東伍に知らせたことが、きっかけになった。東伍は、発見から半年のうちに翻刻・工程作業を行い、『能楽古典　世阿弥十六部集』として刊行した。(佐藤和道［2009］「世阿弥発見100年 ― 吉田東伍と『世阿弥十六部集』」http://www.yomiuri.co.jp/adv/wol/culture/090210.html）
＊40　西平直［2009］『世阿弥の稽古哲学』東京大学出版会。
＊41　例えば、型技術協会編［1991］『図解　型技術用語辞典』（日刊工業新聞社）では、多様な型についての項目はあるが、一般的な「型」そのものはなく、型の定義も見当たらない。
＊42　十名直喜［1981］（ペンネーム、北条豊）「技術論争―資源浪費と技術跛行をめぐって」『講座　現代経済学Ⅴ』青木書店。
＊43　柳宗悦［1985］、前掲書。
＊44　太田信義［2016］『自動車産業の技術アウトソーシング戦略―現場視点によるアプローチ』水曜社。
＊45　納富義宝［2015］「第1章　素形材産業と基盤的技術」十名編［2015.3］、前掲書。
＊46　森和夫［1995］『ハイテク時代の技能労働』中央職業能力開発協会。
　　本書は、「モノづくり」とは何かを深く考察した労作であるが、論点も少なくないとみられる。「モノづくり」を、「①無形のものを有形に」「②無用のものを有用に」「③無秩序を秩序あるものに」変化させることと捉える。
　　優れた着眼であるが、「無形」とは何か、「有形」とは何か、さらには「無用」「有用」とは何かが問われよう。有形とは「目的を持った形」で、そうでないものは無形とみなしている。
　　しかし、「目的」や「無用」「有用」の価値判断は、人により時代によって異なり変化する。主観的な要素が多分に含まれており、それを基準にして捉えることは社会科学的にみて適切さに欠ける。自然科学や芸術文化における有形・無形の捉え方にもそぐわない。
＊47　『大辞泉』初版、第2版、『日本語大辞典』、『日本国語大辞典』初版、第2版。
＊48　マンクーゾ．S／ヴィオラ．A［2015］『植物は「知性」をもっている―20の感覚で思考する生命システム』久保耕司訳、NHK出版。
＊49　「草木国土悉皆成仏」の思想とその含意については、次の2文献が興味深い。
　　梅原猛［2013］『人類哲学序説』岩波書店
　　末木文美士［2015］『草木成仏の思想―安然と日本人の自然観』サンガ。
＊50　草木自成仏説を初めて論じたのは、安然［870頃］『斟定草木成仏私記』とされる。
　　安然の後期には、「真如」論にも基づいた壮大な体系へと展開する。大きな論点をなす「有情と無情」について、同じ根源的な「真如」に由来するものとみなし同等視する。有情も無情も真如そのもの、人間も草木も仏の世界の顕れとみる。それ故、人が発心・成仏できるのであれば、草木も発心・成仏できるとしたのである（末木文美士［2015］）。
　　「草木国土悉皆成仏」の考え方は、真言宗の思想と天台宗の思想が合体した天台密教の思想とされる。

その後、日本仏教の中心思想となり、日本文化の原理として位置づけられるに至っている（梅原猛［2013］）。

*51　マンクーゾ．S／ヴィオラ．A［2015］、前掲書。
*52　斉藤和季［2017］『植物はなぜ薬をつくるのか』文芸春秋。
*53　末木文美士［2015］、前掲書。
*54　末木文美士［2015］、前掲書。
*55　中村静治［1973］『現代工業経済論』汐文社。
*56　例えば、ハキリアリは自分たちの巣の中にある庭で、特別な種類のイースト菌やキノコを栽培している。切り取った葉を地中の巣に運び、細かく砕いた葉をおかゆ錠の粒にし、それに肥料（自分の唾液と糞）をかけ、好みとする種類のキノコを栽培し、主食にしている。
　　動物の家畜化という点でも、バッタ、アブラムシなどさまざまな昆虫からと呼ばれる糖質の分泌液を集めている。これらの昆虫は、アリにとって乳牛のようなもので、甘露
　　の出をよくしようと、アリは触角で昆虫を撫でさすっては「乳しぼり」をしている。また、甘露のもらうお返しに、昆虫たちを捕食者や寄生虫から守っている（ダイアモンド．J．［2014］『若い読者のための第3のチンパンジー』秋山勝訳、草思社、2015年（Jared Diamond［2014］The Third Chimpanzee for Young People On the Evolution and Future of the Human Animal）。
*57　十名［2008.4］、前掲書、18ページ。

3章

*58　宗像元介［1996］『職人と現代産業』技術と人間。
*59　藤本隆宏他［2007］『ものづくり経営学―製造業を越える生産思想』光文社。
*60　スミス．A．［1776］『諸国民の富』大内兵衛・松川七郎訳、第2巻、岩波書店、1959年（An Inquiry into the Nature and Causes of the Wealth of Nations）。
*61　スミス．A．［1776］、前掲書。
*62　リカード．D．［1817］『経済学および課税の原理』羽島卓也・吉沢芳樹訳、岩波書店、1987年（D. Ricardo［1817］"Principles of Political Economy and Taxation"）。
*63　中村修［1995］『なぜ経済学は自然を無限ととらえたか』日本経済評論社。
*64　マーシャル．A．［1890］『経済学原理1』馬場啓之助訳、東洋経済新報社、1965年（Principles of Economics. Volume 1）。第3章の冒頭。
*65　日本において文化と固有価値の経済学を体系的に提起した先駆的業績として、池上惇［2003］前掲書が注目される。
*66　柳宗悦［1942］、前掲書。
*67　マルクス．K［1857］『経済学批判要綱（第Ⅲ分冊）』高木幸二郎監訳、大月書店、1961年。
*68　藤本隆宏他［2007］前掲書。
*69　十名直喜［2008.4］、前掲書。
*70　三枝博音［1970］『技術の哲学』岩波全書。
*71　宗像元介［1996］、前掲書。
*72　「設計」「遺伝子」「転写」「翻訳」「DNA」などについて、『広辞苑』および「ウィキペディア」を紐解き、比較参照してまとめた。
*73　大隅典子［2016］『脳からみた自閉症―「障害」と「個性」のあいだ』講談社。
*74　ドゥーシュ．J．［2015］『進化する遺伝子概念』佐藤直樹訳、みすず書房。
*75　宗像元介［1996］前掲書。
*76　十名［2012.7］の第2章では、鉄鋼メーカーの事例を取り上げている。
*77　十名［2008.4］前掲書、終章。
*78　梅原猛・松井孝典「人類四百万年の大遺産―環境問題はたかだか1万年の文明認識では解けない」梅原猛［1995］『混沌を生き抜く思想―21世紀を拓く対話』PHP研究所。

*79 ピオリ／セーブル［1984］『第二の産業分水嶺』山之内靖他訳、筑摩書房、1993年（Michael J. Piore & Charles F. Sabel［1984］The Second Industrial Divide, published by Basic Books, Inc., New York）。
*80 十名［1996.9］前掲書、第7章。
*81 十名［2008.4］前掲書、終章。
*82 富沢木実［1994］『新職人の時代』NTT出版。
*83 小関智弘［2003］『職人学』講談社。
*84 十名［1996.9］、前掲書。
*85 森和夫［1995］『ハイテク時代の技能労働―生産技能の変化と教育訓練』中央職業能力開発協会。
*86 浅井紀子［2006］『ものづくりのマネジメント―人を育て企業を育てる』中京大学経営学部。
*87 飯盛信男［2014］『日本経済の再生とサービス産業』青木書店。
*88 マルクス．K.［1867］『資本論』第1巻、第5章。
*89 近藤隆雄「心情をくむサービス」①日本経済新聞2015.6.2、③同2015.6.4。
*90 近藤隆雄「心情をくむサービス」④日本経済新聞2015.6.5。
*91 森川正之［2016］『サービス立国論―成熟経済を活性化するフロンティア』日本経済新聞社。ものづくり産業を、サービス業との比較視点から、製造業や農業まで含めて捉えており（序章）、注目される。
*92 延岡健太郎［2011］『価値づくり経営の論理』日本経済新聞社。
*93 藤川佳則［2011］「研究進む「サービスの科学」―もの中心の世界観、転換を」日本経済新聞、2011.11.18。

4章

*94 エンゲルス．F.［1884］『家族、私有財産および国家の起源』（大内兵衛他監訳『マルクス・エンゲルス全集』第21巻、大月書店、1971年）の序文。
*95 宮本常一［1993］『生業の歴史 双書・日本民衆史6』未来社（宮本［1965］『生業の推移』河出書房新社を、題名を変えて出版したもの）。
*96 産業は（日本語では）生業と表現され、世渡りの仕事、つまり、この社会で生きるために身につけた仕事の力量を意味した（金田一京助編『新明解国語辞典』第4版、三省堂）。欧米では、industryと表現され、その成立期を示したオックスフォード辞書では、1613年ごろ、intelligent or clever workingであったとされている。熟練、独創、技巧を伴う仕事を意味した（The Shorter Oxford E, D.Vol.1, 1973.）。
*97 クラーク．C.［1953-55］『経済進歩の諸条件』上・下、勁草書房、大川一司・小原敬士・高橋長太郎・山田雄三編、第2版1951年版の訳（Colin Grant Clark［1940］"The Conditions of Economic Progress, 1st ed., 1940, 3rd ed., 1957）。
*98 十名［2012.7］前掲書。
*99 古橋敬一［2015］「持続可能なまちづくり―「地域創造」視点からのアプローチ」十名編［2015.3］前掲書。
*100 ドフリース．R.［2016］（『食糧と人類』小川敏子訳、日本経済新聞社（Ruthe DeFries［2014］The Big Ratchet; How Humanity Thrives in the Face of Natural Crisis）。
*101 産業をキーワードとする4つの各研究会報告書で発表した小論は、下記の通りである。
産業構造研究会（1998-2002）報告書
①十名直喜［1999.5］「N製鉄・K製鉄所の情報システム―K製鉄所にヒアリング調査・見学記録―」
②十名直喜［2001.7］「構造転換期のM重工業 長崎造船所―工場見学・ヒアリングを通して―」
③十名直喜［2002.6］「転機に立つ川口の鋳物と基盤的技術産業集積」
④十名直喜［2002.6］「川口に息吹く鋳物のハイテク化と熟練技能伝承―老舗鋳物メーカー（株）永瀬留十郎工場の挑戦―」
⑤十名直喜［2003.6］「TOTOの生産システムと海外事業展開」
産業ネットワーク研究会（2003-07）報告書

⑥十名直喜［2004.7］「沖縄の産業構造と産業クラスター戦略―観光・健康関連産業を中心にして―」
　⑦十名直喜［2005.9］「躍進を続ける韓国・浦項総合製鉄の沿革と経営戦略」
　⑧十名直喜［2006.7］「三協・立山ホールディングスの統合戦略と生産システム」
　⑨十名直喜［2007.10］「金属と人間を磨く経営―金属表面処理製品メーカー（株）ケミカル山本に挑戦―」
　⑩十名直喜［2007.10］「伝統技術の継承と革新―甲冑師・明珍家にみる技術と文化の創造的融合―」
　サステイナブル・産業・地域研究会（2008-12）報告書
　⑪十名直喜［2009.11］「ブルーツーリズムによる地域づくり・人づくりのダイナミズム―辺境から交流拠点へ変身進む蒲江・北浦大漁海道（日豊海岸）―」
　⑫十名直喜［2010.12］「有田焼の産業振興とものづくり」
　⑬十名直喜［2011.12］「東国製鋼の経営と発展戦略―ものづくり経営にみる日韓比較の視点をふまえて―」
　⑭十名直喜［2013.12］「グローバル経営下の企業城下町にみる再生への創意的試み―ひたち地域のものづくりへの視座―」
　産業・地域システム研究会（2013-16）報告書
　⑮十名直喜［2014.12］「答志島「島の旅社」でのヒアリング記録（1）―固有の資源・文化を活かした人・地域づくり―」
　⑯十名直喜［2014.12］「東大阪のものづくりと中小企業支援ネットワーク」
　⑰十名直喜［2015.12］「海の覇者・九鬼嘉隆とブルーツーリズム―志摩・鳥羽地域を照らす歴史的遺産への視座―」
　⑱十名直喜［2016.12］「周防大島の風土・産業・文化と地域再生」
＊102　図表8の基本モデルは、十名［2009.4］（「人間発達の経済学の新地平」『経済科学通信』第119号）において提示し、十名［2010.12］で一部見直したものである。小論でも、一部見直している。
＊103　「システム制ネットワーク工業」は、筆者が命名したものである。
　情報通信革命が進行するなか、工業の主要労働手段は、機械からシステムへ、大規模化からネットワーク化へとシフトする。それに伴い、工業形態は、「機械制大工業」から「システム制ネットワーク工業」へとシフトする。
＊104　木村英紀［2009］『ものづくり敗戦』日本経済新聞社。
＊105　深層学習は、人間の脳の階層構造をコンピュータで再現しようという手法で、1980年代のAIブームを牽引したニューラルネットワーク（神経回路網）と呼ぶ技術を発展させたものである。
　人間の脳は、情報をやり取りする神経細胞が種類ごとに集まって多層構造になっている。深層学習は、コンピュータ上に人間の脳の神経回路を模して、電気回路で多数の層をつくる。最初の層（入力層）と最後の層（出力層）の間に、数多くの中間層（隠れ層）を設定する。人工の神経細胞が集まった層がニューラルネット（人間の脳の神経回路の仕組みを模したモデル）よりも深くなっていることから、「深層（ディープ）」と呼ばれるようになった。
　そして、大量のデータを入力層に与えると、単純な要素の情報に分解されて中間層に伝わり、さらに情報の抽出・分析が何段階も行われて、ついには求める解をコンピュータ自身が見出す仕組みである（日本経済新聞2016.4.10、読売新聞2016.11.27、2017.1.6他）。
＊106　マンクーゾ．S／ヴィオラ．A［2015］、前掲書。
＊107　野村直之［2016］『人工知能が変える仕事の未来』日本経済新聞出版社。
＊108　野村直之［2016］、前掲書。
＊109　カーツワイル，R．［2005］『ポスト・ヒューマン誕生　コンピュータが人類の知性を超えるとき』井上健監訳他、NHK出版、2007年（The Singularity is Near; When Humans Transend Biology）。
＊110　野村直之［2016］、前掲書。
＊111　レズリー．I．［2014］『子どもは40000回質問する―あなたの人生を創る「好奇心」の驚くべき力』（Curious; The Desire to Know and Why Your Future Depends on It）須川綾子訳、光文社、2016年。
＊112　バラット．J．［2015］『人工知能―人類最悪にして最後の発明』（James Barrat, Our Final Invention; Artificial Intelligence and the End of the Human Era）水谷淳訳、ダイヤモンド社。

5章

*113 十名［2008.4］前掲書。
*114 マルクス．K.［1867］『資本論』第1巻第13章。
*115 松永勝彦［1993］『森が消えれば海も死ぬ』講談社。
*116 畠山重篤［2006］『森は海の恋人』文藝春秋。「森は海の恋人」運動の科学的なバックボーンとなっているのが、森が育む「水に溶けた鉄」、すなわち川を経由して森から海に流れ込む「フルボ酸鉄」の役割の重要性である。
*117 安田喜憲［1997］『森を守る文明・森を支配する文明』PHP研究所。
*118 アンテス．E.［2016］『サイボーグ化する動物たち』西田美緒子訳、白揚社。
*119 長神風二［2010］『予定不調和―サイエンスがひらく、もう1つの世界』ディスカバー・トゥエンティワン。
*120 大野晃［2011］「山・川・海で支え合う―限界集落の再生」日本経済新聞2011.4.9。
*121 ラトゥーシュ．S.［2010］『〈脱成長〉は世界を変えられるか』(中野佳裕訳、2013年、作品社)。
*122 最近における定常化社会論としては、下記の文献があげられる。
　　広井良典［2010］『定常型社会―新しい豊かさの構想』岩波新書
　　同［2015］『ポスト資本主義―科学・人間・社会の未来』岩波新書。
　　岸田一隆［2014］『3つの循環と文明論の科学』エネルギーフォーラム。
　　水野和夫［2014］『資本主義の終焉と歴史の危機』集英社。
*123 ミクロ視点からの循環型産業・地域づくり論としては、下記の文献があげられる。
　　藻谷浩介他［2013］『里山資本主義―日本経済は「安心の原理」で動く』KADOKAWA、小田切徳美［2014］『農山村は消滅しない』岩波書店、山下祐介［2015］『地方消滅の罠』ちくま新書、藤山 浩［2015］『田園回帰1％戦略』農山漁村文化協会、など。
*124 化石と原子力のエネルギーは、人類史の時間の長さでは「循環」になっていない。1年間で踏みつけてしまう「環境占有面積」と、1年間で復活可能な「生物生産力」を比較すると、前者が後者を上回ってしまったのが1980年頃。2006年には1.44倍になっており、世界中が米国人の暮らしをすると地球が5.3個必要になるという(岸田一隆［2014］62-3ページ)。
*125 実物経済の規模は、2013年のIMF推計で約74兆ドルである。それに対し、世界の電子・金融空間に、1995年からリーマンショック前の2008年の13年間で、100兆ドルものマネーが創出された。今や、余剰マネーがストック・ベースで140兆ドルあり、これに回転率を変えるとその数倍ないし数十倍のマネーが電子・金融空間を徘徊する(水野和夫［2014］前掲書)。
*126 ロートカウ, J.／ハーン, L.［2012］『原子力と人間の歴史―ドイツ原子力産業の興亡と自然エネルギー』山縣光晶他訳、築地書館、2015年(Aufstieg Fall und der deutschen Atomwirtschaft)。
　　リフキン, J.［2015］『限界費用ゼロ社会―〈モノのインターネット〉と共有型経済の台頭』柴田裕之訳、NHK出版(The Zero Marginal Cost Society; The Internet of Thing and the Sharing Economy)。
　　リフキン, J.［2015］は、「太陽光発電設備の性能は過去20年にわたって2年ごとに倍増し、その勢いは衰えそうにもない。」として、「倍増をあと8回繰り返し、世界のエネルギー需要をすべて太陽エネルギーで賄うようにな」るとの予測も紹介している。
*127 本川達雄［2011］『生物学的文明論』新潮新書。
*128 広井良典［2015］前掲書。
*129 エンゲルス．F.［1884］『家族、私有財産および国家の起源』(1971年、大内兵衛他監訳、大月書店)。
*130 ラトゥーシュ．S.［2010］前掲書。
*131 ポーター, M.E.［1990］『国の競争優位』土岐坤他訳、ダイヤモンド社(The Competitive Advantage of Nations)。
*132 十名直喜編［2015.3］『地域創生の産業システム―もの・ひと・まちづくりの技と文化』水曜社。

6章

* 133 シューマッハー, E. F. [1973]『スモール イズ ビューティフル―人間中心の経済学』小島慶三・酒井懋訳、講談社、1986年（E. F. Schumacher [1973] Small is Beautiful; A Study of Economics as if People Mattered）。
* 134 太田信義氏からのアドバイス（2017.7.3）に基づく。
* 135 トフラー A. [1890]『第3の波』徳山二郎監修、日本放送出版協会（Alvin Toffler [1980] The Third Wave）。
* 136 マーシャル. A. [1890] 前掲書。
* 137 十名直喜 [2012.7] 前掲書。
* 138 池上惇 [2017.9]「文化資本の地域経済学―学習社会における職人型小経営の持続的発展」『国際文化政策 第8号』国際文化政策研究教育学会。
* 139 池上惇 [2017]『文化資本論入門』京都大学学術出版会。
* 140 子供が同居、同一家屋、同一敷地及び近隣地域に住んでいる65歳以上人口の割合。
* 141 ISOは、正式名称を International Organization for Standardization（国際標準化機構）といい、各国の代表的標準化機関からなる国際的標準化機関で、電気および電子技術分野を除く全産業分野に関する国際規格の作成を行っている。
* 142 JIS9100は、航空機産業における品質マネジメントシステムの規格である。基本の仕組みは ISO9001 と同じで、それに航空宇宙産業に必要な要求事項が追加されたものである。（http://www.isolabo.com/54_ISO9100/）
* 143 服部光朗＆ゼンキン連合モノづくりプロジェクト連合編 [1999]『「もの」づくりが日本を救う』日本工業新聞社。
* 144 モリス. W [1877] 前掲書。
* 145 片山悠樹 [2016]『「ものづくり」と職業教育―工業高校と仕事のつながり方』岩波書店。
* 146 服部光朗＆ゼンキン連合モノづくりプロジェクト連合編 [1999]、前掲書。
* 147 実教出版編『工業教育資料』1961年以降、隔月刊。
* 148 ゼンキン連合は、1999年に金属機械と組織統一する。結成されたのが、「ものづくり産業労働組合」（Japanese Association of Metal, Machinery, and Manufacturing Workers：略称JAM）である。
* 149 服部光朗＆ゼンキン連合モノづくりプロジェクト連合編 [1999]、前掲書。
* 150 服部光朗＆ゼンキン連合モノづくりプロジェクト連合編 [1999]、前掲書。
* 151 服部光朗＆ゼンキン連合モノづくりプロジェクト連合編 [1999]、前掲書。
* 152 片山悠樹 [2016]、前掲書。
* 153 「もの造り」の表記は、小池和男他 [2001]『もの造りの技能』東洋経済新報社、藤本隆宏 [2004]『日本のもの造り哲学』光文社、他。
  「モノづくり」の表記は、伊藤澄夫 [2004]『モノづくりこそ日本の砦』工業調査会、浅井紀子 [2006]『モノづくりのマネジメント』中京大学経営学部、木下幹彌編 [2012]『モノづくりの経営思想』東洋経済新報社、他。
* 154 「ものづくり」の表記は、町工場の旋盤工で作家の小関智弘が1990年代以降に使うようになる（[1998]『町工場・スーパーなものづくり』筑摩書房、[1999]『ものづくりに生きる』岩波書店）。1999年以降は、政府刊行本（中小企業庁編 [2000]『中小企業の新しいものづくり』通商産業調査会など）をはじめ、藤本隆宏 [2007]（『ものづくり経営学』光文社）など「ものづくり」表記へのシフトもみられる。
* 155 片山悠樹 [2016]、前掲書。
* 156 十名直喜 [2015.12]「地域密着型ものづくりと中小企業支援ネットワーク―東大阪にみるひと・まち・ものづくりの創意的試み―」『名古屋学院大学論集（社会科学篇）』Vol.51 No.3。
* 157 東大阪市経済部 [2011]「モノづくりの最適環境 東大阪」。
* 158 東大阪市 [2013]「住工共生のまちづくり条例パンフレット」
  http://www.city.higashiosaka.lg.jp/cmsfiles/contents/0000011/11305/jyukopanfu.pdf.

＊159 東大阪市［2013］「東大阪市中小企業振興条例（逐条解説）」http://www.city.higashiosaka.lg.jp/cmsfiles/contents/0000010/10450/sinkojoreitikujo.pdf.
＊160 小規模企業者とは、「おおむね常時使用する従業員の数が20人（商業又はサービス業…は、5人）以下の事業者をいう」（「中小企業基本法」第2条第5項）。
＊161 「モノづくり体験塾」は、高校生が会社に出かけ、達人からインタビューによる聞き書き手法を通じてレポートのまとめ、フォーラムで発表する、というものである。高校生や企業の関心も高い。
＊162 パネルディスカッション「東大阪のまちづくりにおける企業・行政・教育機関の役割」『経済社会学会年報』XXXVI、2014年9月。
＊163 日本経済新聞、2012年11月17日付。
＊164 日本経済新聞、2013年4月20日付。東大阪の客は、中小オーナーが多く、舌が肥えていてコスト意識も高い。安くてうまくないとダメで、1人でもまずいと思ったら10人に伝わるが、頑張る若手は応援する。「独立の苦労を知っているからだろう」という。
＊165 十名直喜［2016.12］「周防大島の風土・産業・文化と地域再生」産業・地域システム研究会（3）『地域の風土・産業・文化を生かした離島・本島活性化の課題―周防大島と沖縄本島の見学調査をふまえて―』名古屋学院大学総合研究所 Discussion Paper No.119。
＊166 2015年の数値では、人口17,871人、14歳未満6.9％、65歳以上（＝高齢化率）50.6％である。小学校は11校・児童数489人、中学校は5校・生徒数282人、高校は1校（周防大島高校）、高等専門学校1校（大島商船高専）となっている。
人口推移をみると、5万人弱（1960年49,739人）から3万人弱（1985年29,749人）へ、さらに2万人弱（2010年19,084人）へと下降線を辿るも、そのカーブは緩やかになっている。産業別人口の構成推移をみると、1965年から2010年の間に、第1次産業は55.4％→24.9％へ、第2次産業12.6％→15.4％へ、第3次産業32.0％→59.7％へと変化している。
＊167 聞き取りをふまえ、下記の資料を参考にしてまとめたものである。
藤井康弘編［2014］『島のジャム屋物語―瀬戸内の島とお寺とジャム』株式会社くるとん。
瀬戸内 Jam's Garden（手づくりジャム専門店）「ようこそ島のジャム屋へ」。
＊168 泉谷勝敏氏（43歳）は、自らも移住者である。以前は、大阪で証券会社に勤めていた。トップの営業成績をあげ続けて、就職して3年で管理職に昇格するなどエリートコースを歩んでいたが、土日もなく、子どもが起きる前に出勤し寝た後に帰宅する日々に疑問を感じる。2008年に、妻の実家のある周防大島へ移住し、ファイナンシャルプランナーとして独立開業した。
＊169 周防大島高齢者モデル居住権構想推進協議会は、先進的な取り組みにより若者から高齢者までともに安心して暮らせる地域づくりをめざし、国・県・郡内4町および郡内各種団体で設立されたものである。
＊170 本節は下記に基づきまとめたものである。くるとん編［2015］『くるとん―みんなのふるさと 周防大島』Vol.45、2015 summer、株式会社くるとん。
＊171 藻谷浩介・NHK広島取材班［2013］『里山資本主義―日本経済は「安心の原理」で動く』角川新書。
＊172 「離陸（take-off）」は、農業社会から工業社会への転換点（産業革命期）を示す概念として、ウォルト・ロストフによって提示された概念である。広井良典［2010］は、資本主義経済システムの展開を、市場／経済が自然および共同体から「離陸」し「拡大・成長」していくプロセスとして、捉え直している。
＊173 広井良典［2010］前掲書。
＊174 藤山浩［2015］前掲書。
＊175 小田切徳美［2014］は、①を「暮らしのものさしづくり」としているが、それを「誇りづくり」と捉え直した。
＊176 外山滋比古［1986］、前掲書。
＊177 十名直喜［2017.1］「ものづくり経済学の理論と政策―持続可能な循環型産業システムの創造に向けて」『名古屋学院大学論集（社会科学篇）』vol.53 No.3。

参考文献

- 浅井紀子［2006］『ものづくりのマネジメント―人を育て企業を育てる』中京大学。
- 有沢広巳編［1959-60］『現代日本産業講座』全8巻、岩波書店。
- アンテス.E.［2016］『サイボーグ化する動物たち』西田美緒子訳、白揚社。
- 飯森信男［2014］『日本経済の再生とサービス産業』青木書店。
- 池上惇［2003］『文化と固有価値の経済学』岩波書店。
- 池上惇［2017］『文化資本論入門』京都大学学術出版会。
- 池上惇［2017.9］「文化資本の地域経済学―学習社会における職人型小経営の持続的発展」『国際文化政策 第8号』国際文化政策研究教育学会。
- 伊藤澄夫［2004］『モノづくりこそ日本の砦』工業調査会。
- 梅岩猶彦［2003］『能楽への招待』岩波書店。
- 梅原猛［2002］『学問のすすめ（改定）』竣成出版会。
- 梅原猛［2013］『人類哲学序説』岩波書店。
- 梅原猛・松井孝典［1995］「人類四百万年の大遺産―環境問題はたかだか1万年の文明認識では解けない」
- 梅原猛［1995］『混沌を生き抜く思想―21世紀を拓く対話』PHP研究所。
- 永六輔［1996］『職人』岩波書店。
- エンゲルス.F.［1884］『家族、私有財産および国家の起源』（1971年、大内兵衛他監訳、大月書店）。
- 大島正二［2006］『漢字伝来』岩波書店。
- 大隅典子［2016］『脳からみた自閉症―「障害」と「個性」のあいだ』講談社。
- 太田信義［2016］『自動車産業の技術アウトソーシング戦略―現場視点によるアプローチ』水曜社。
- 大野晃［2011］「山・川・海で支え合う―限界集落の再生」日本経済新聞2011.4.9。
- 小関智弘［1998］『町工場・スーパーなものづくり』筑摩書房。
- 小関智弘［1999］『ものづくりに生きる』岩波書店。
- 小関智弘［2003］『職人学』講談社。
- 小田切徳美［2014］『農山村は消滅しない』岩波書店。
- 小野二郎［1992］『ウィリアム・モリス―ラディカル・デザインの思想』中央公論社。
- カーツワイル,R.［2005］『ポスト・ヒューマン誕生　コンピュータが人類の知性を超えるとき』井上健監訳他、NHK出版、2007年（The Singularity is Near; When Humans Transend Biology）。
- 型技術協会編［1991］『図解 型技術用語辞典』（日刊工業新聞社）
- 片山悠樹［2016］『「ものづくり」と職業教育―工業高校と仕事のつながり方』岩波書店。
- 川勝平太［2002］『「美の文明」をつくる』ちくま新書。
- 岸田一隆［2014］『3つの循環と文明論の科学』エネルギーフォーラム。
- 木下幹彌編［2012］『モノづくりの経営思想』東洋経済新報社。
- 木村英紀［2009］『ものづくり敗戦』日本経済新聞社。
- くるとん編［2015］『くるとん―みんなのふるさと　周防大島』Vol.45、2015 summer、株式会社くるとん。
- クラーク.C.［1953-55］『経済進歩の諸条件』上・下、勁草書房、大川一司・小原敬士・高橋長太郎・山田雄三編、第2版1951年版の訳（Colin Grant Clark［1940］"The Conditions of Economic Progress, 1st ed., 1940, 3rd ed.,1957）。
- 経済産業省・厚生労働省・文部科学省編『ものづくり白書』（各年版）経済産業調査会。
- 経済社会学会パネルディスカッション「東大阪のまちづくりにおける企業・行政・教育機関の役割」『経済社会学会年報』XXXVI、2014年9月。
- ケニー.M／フロリダ.R［1990］「大量生産を超えて―日本における生産と労働過程」『季刊　窓』4号。
- 小池和男他［2001］『もの造りの技能』東洋経済新報社。

- 近藤隆雄「心情をくむサービス」①③④、日本経済新聞2015.6.2,4,5。
- 三枝博音［1970］『技術の哲学』岩波全書、66ページ。
- 斉藤和季［2017］『植物はなぜ薬をつくるのか』文芸春秋。
- 佐藤和道［2009］「世阿弥発見100年—吉田東吾と『世阿弥十六部集』」http://www.yomiuri.co.jp/adv/wol/culture/090210.html
- 篠原三代平・馬場正雄編［1973-4］『現代産業論』（3巻：1産業構造、2産業組織、3産業政策）日本経済新聞社
- 芝田進午［1966］『現代の精神的労働』（増補改訂版）三一書房。
- 芝田進午［1971］『科学＝技術革命の理論』青木書店。
- ダイアモンド．J.［2014］『若い読者のための第3のチンパンジー』秋山勝訳、草思社、2015年（Jared Diamond [2014] The Third Chimpanzee for Young People On the Evolution and Future of the Human Animal）。
- シューマッハー，E.F.［1973］『スモール イズ ビューティフル—人間中心の経済学』小島慶三・酒井懋訳、講談社、1986年（E.F. Schumacher [1973] Small is Beautiful; A Study of Economics as if People Mattered）。
- 末木文美士［2015］『草木成仏の思想—安然と日本人の自然観』サンガ。
- スミス．A.［1776］『諸国民の富』大内兵衛・松川七郎訳、第２巻、岩波書店、1959年（An Inquiry into the Nature and Causes of the Wealth of Nations）。
- スロスビー．D.［2001］『文化経済学入門』中谷武雄・後藤和子監訳、日本経済新聞社、2002年（David Throsby [2001]"Economics and Culture", Cambridge University Press）。
- ダートウゾス.M.L他『Made in America—アメリカ再生のための米日欧産業比較』依田直也訳、草思社、1990年（Michael L.Dertouzos et al [1989] Made in America, Massachusetts Institute of Technology）。
- 高橋亀吉［1975］『戦後日本経済躍進の根本要因』日本経済新聞社。
- 高橋勉［2017.8］「「ものづくり経済学」の特徴と可能性—十名直喜氏の所説に寄せて—」『岐阜経済大学論集』第51巻第1号
- 武田晴人［2008］『仕事と日本人』ちくま新書。
- 竹田米吉［1991］『職人』中央公論社。
- 中小企業庁編［2000］『中小企業の新しいものづくり』通商産業調査会。
- 筒井淳也［2015］『仕事と家族—日本はなぜ働きづらく、産みにくいのか—』中公新書。
- 十名直喜［1973］「働きつつ学び研究することの意義と展望」『経済科学通信』第7号、1973年11月。
- 十名直喜「大工業理論への一考察（上）（下）」『経済科学通信』第7号（上）、第8・9号（下）1974年4月。
- 十名直喜「資源危機における日本鉄鋼業の原料炭問題と今後の動向（上）（中）（下）」『経済科学通信』第11号・1975年2月、第12号・1975年6月、第14号・1976年1月。
- 十名直喜［1981］（ペンネーム、北条豊）「技術論争—資源浪費と技術跛行をめぐって」『講座 現代経済学Ⅴ』青木書店。
- 十名直喜［1993.4］『日本型フレキシビリティの構造』法律文化社。
- 十名直喜［1996.4］『日本型鉄鋼システム』同文舘。
- 十名直喜［1996.9］『鉄鋼生産システム』同文舘。
- 十名直喜［2007.10］「「型」の技術・文化と現代産業論の視点」『名古屋学院大学論集（社会科学篇）』Vol.44 No.2。
- 十名直喜［2008.4］『現代産業に生きる技—「型」と創造のダイナミズム』勁草書房。
- 十名直喜［2009.4］「人間発達の経済学の新地平」『経済科学通信』第119号。
- 十名直喜［2010.12］「ものづくりと技術の経済学—「型」と人間発達の視点」『名古屋学院大学研究年報23』。
- 十名直喜［2010.12］「ものづくりと技術の経済学—「型」と人間発達の視点」『名古屋学院大学研究年報23』。
- 十名直喜［2012.7］『ひと・まち・ものづくりの経済学—現代産業論の新地平』法律文化社。

- 十名直喜［2013.12］「グローバル経営下のものづくりと中小企業支援ネットワーク―ひたち地域にみる企業城下町からの脱皮の創意的試み―」『名古屋学院大学研究年報26』。
- 十名直喜編［2015.3］『地域創生の産業システム―もの・ひと・まちづくりの技と文化』水曜社。
- 十名直喜［2015.8］「ひたち（茨城）地域創生の産業システム」『JOYO ARC』Vol.47 No.550。
- 十名直喜［2015.12］「地域密着型ものづくりと中小企業支援ネットワーク―東大阪にみるひと・まち・ものづくりの創意的試み―」『名古屋学院大学論集（社会科学篇）』Vol.51 No.3。
- 十名直喜［2016.1］「「働・学・研」融合型の持続可能な産業・地域づくり」『名古屋学院大学論集（社会科学篇）』Vol.52 No.3。
- 十名直喜［2016.9］「「働きつつ学ぶ」理念と活動の21世紀的視座―特集によせて」『経済科学通信』No.141。
- 十名直喜［2016.9］「持続可能な循環型産業・地域システムづくりへの歴史的視座」『経済科学通信』No.141。
- 十名直喜［2016.10］「21世紀型もの・ひと・地域づくりの新構築」『社会システム研究』立命館大学。
- 十名直喜［2017.1］「ものづくり経済学の理論と政策―持続可能な循環型産業システムの創造に向けて」『名古屋学院大学論集（社会科学篇）』Vol.53 No.3。
- トフラー．A．［1980］『第3の波』徳山二郎監修、日本放送出版協会（Alvin Toffler [1980] The Third Wave)。
- 富沢木実［1994］『新職人の時代』NTT出版。
- 富山和夫［1973］『現代産業論の構造』新評論
- 外山滋比古（1986）『思考の整理学』ちくま新書。
- ドゥーシュ．J．［2015］『進化する遺伝子概念』佐藤直樹訳、みすず書房。
- ドフリース．R．［2016］（『食糧と人類』小川敏子訳、日本経済新聞社（Ruthe DeFries [2014] The Big Ratchet; How Humanity Thrives in the Face of Natural Crisis)。
- 中村修（1995）『なぜ経済学は自然を無限ととらえたか』日本経済評論社。
- 中村静治［1973］『現代工業経済論』汐文社。
- 長神風二［2010］『予定不調和―サイエンスがひらく、もう1つの世界』ディスカバー・トゥエンティワン。
- 西平直［2009］『世阿弥の稽古哲学』東京大学出版会。
- 日本学術会議機械工学委員会生産科学分科会［2008.9.18］「21世紀ものづくり科学のあり方について」（http://www.scj.go.jp/ja/info/kohyo/pdf/kohyo-20-h64-2.pdf）。
- 納富義宝［2015］「第1章 素形材産業と基盤的技術」十名編［2015.3］。
- 延岡健太郎［2011］『価値づくり経営の論理』日本経済新聞社。
- 野村直之［2016］『人工知能が変える仕事の未来』日本経済新聞出版社。
- 畠山重篤［2006］『森は海の恋人』文藝春秋。
- 服部光朗＆ゼンキン連合モノづくりプロジェクト連合編［1999］『「もの」づくりが日本を救う』日本工業新聞社。
- バラット．J．［2015］『人工知能―人類最悪にして最後の発明』（James Barrat, Our Final Invention; Artificial Intelligence and the End of the Human Era）水谷淳訳、ダイヤモンド社。
- ハンチントン，S．P．［2000］『文明の衝突と21世紀の日本』鈴木主悦訳、集英社。
- ピオリ／セーブル［1984］『第二の産業分水嶺』山之内靖他訳、筑摩書房、1993年（Michael J. Piore & Charles F. Sabel [1984] The Second Industrial Divide, published by Basic Books, Inc., New York）。
- 広井良典［2010］『定常型社会―新しい豊かさの構想』岩波新書
- 広井良典［2015］『ポスト資本主義―科学・人間・社会の未来』岩波新書。
- 広中平祐［2002］『学問の発見（改定）』竣成出版会。
- 藤井康弘編［2014］『島のジャム屋物語―瀬戸内の島とお寺とジャム』株式会社くるとん。
- 藤川佳則［2011］「研究進む「サービスの科学」―もの中心の世界観、転換を」日本経済新聞、2011.11.18。
- 藤本隆宏［2004］『日本のもの造り哲学』光文社。
- 藤本隆宏他［2007］『ものづくり経営学―製造業を越える生産思想』光文社、152ページ。
- 藤山浩［2015］『田園回帰1％戦略』農山漁村文化協会

- 古橋敬一［2015］「持続可能なまちづくり—「地域創造」視点からのアプローチ」十名編［2015.3］前掲書。
- ベル, D.［1973］『脱工業社会の到来（上・下）』（Daniel Bell［1973］The Coming of Post-Industrial Society, published by Basic Books, Inc., New York）内田忠夫他訳、ダイヤモンド社、1975年。
- ポーター, M. E.［1990］『国の競争優位』土岐坤他訳、ダイヤモンド社（The Competitive Advantage of Nations）。
- ホフマン, W.G.［1931］『近代産業発展段階論』（W.G.Hoffman［1931］Stadien und Typen der Industrialisierung；英語新版［1958］The Growth of Industrial Economies）長洲一二・富山和夫訳、日本評論社、1967年。
- 松永勝彦［1993］『森が消えれば海も死ぬ』講談社。
- マーシャル. A.［1890］『経済学原理1』馬場啓之助訳、東洋経済新報社、1965年（Principles of Economics. Volume 1）。
- 前田英樹［2009］『独学の精神』筑摩書房。
- マルクス.K［1857］『経済学批判要綱（第Ⅲ分冊）』高木幸二郎監訳、大月書店、1961年。
- マルクス.K［1867］『資本論』第1巻、岩波書店、1967年。
- マンクーゾ.S／ヴィオラ.A［2015］『植物は「知性」をもっている—20の感覚で思考する生命システム』久保耕司訳、NHK出版。
- 水野和夫［2014］『資本主義の終焉と歴史の危機』集英社。
- 宮沢健一［1975］『産業の経済学』東洋経済新報社。
- 宮本常一［1993］『生業の歴史 双書・日本民衆史6』未来社（宮本［1965］『生業の推移』河出書房新社を、題名を変えて出版したもの）。
- 宗像元介［1996］『職人と現代産業』技術と人間。
- 藻谷浩介他［2013］『里山資本主義—日本経済は「安心の原理」で動く』KADOKAWA。
- 本川達雄［2011］『生物学的文明論』新潮新書。
- 森和夫［1995］『ハイテク時代の技能労働—生産技能の変化と教育訓練』中央職業能力開発協会。
- 森川正之［2016］『サービス立国論—成熟経済を活性化するフロンティア』日本経済新聞社。
- モリス.W.［1877］「装飾芸術」内藤史朗訳『民衆のための芸術教育』明治図書出版、1971年（William Morris［1877］"The Lesser Arts, or The Decorative Arts"）。
- 安田喜憲［1997］『森を守る文明・森を支配する文明』PHP研究所。
- 柳宗悦［1942］『工芸文化』岩波文庫、1985年（文藝春秋、1942年）。
- 山下祐介［2015］『地方消滅の罠』ちくま新書
- 吉川弘之監修・JCIP編［1994］『メイド・イン・ジャパン』ダイヤモンド社。
- ラトゥーシュ.S.［2010］『〈脱成長〉は世界を変えられるか』（中野佳裕訳、2013年、作品社）。
- リカード.D.［1817］『経済学および課税の原理』羽島卓也・吉沢芳樹訳、岩波書店、1987年（D.Ricardo［1817］"Principles of Political Economy and Taxation"）。
- リフキン.J.［2015］『限界費用ゼロ社会—〈モノのインターネット〉と共有型経済の台頭』柴田裕之訳、NHK出版（Jeremy Rifkin［2015］The Zero Marginal Cost Society: The Internet of Things and The Rise of The Sharing Economy）。
- レズリー.I.［2014］『子どもは40000回質問する—あなたの人生を創る「好奇心」の驚くべき力』須川綾子訳、光文社、2016年（Curious; The Desire to Know and Why Your Future Depends on It）。
- ロートカウ, J.／ハーン, L.［2012］『原子力と人間の歴史—ドイツ原子力産業の興亡と自然エネルギー』山縣光晶他訳、築地書館、2015年（Aufstieg Fall und der deutschen Atomwirtschaft）。
- 〈書評：十名［2012.7］『ひと・まち・ものづくりの経済学』〉
  梅村 仁（2013.4）『大阪経済大学中小企業季報』2013, No.1、
  藪谷あや子（2013.5）『財政と公共政策』第35巻第1号、
  西堀喜久夫（2013.8）『経済科学通信』第132号
  山崎茂雄（2013.12）『地域公共政策研究』第22号、
  熊坂敏彦（2014.6）『産業学会研究年報』第29号

村上研一（2014.7）『季刊経済理論』第51巻第2号、
佐々木實雄（2014.9）『経済社会学会年報』XXXVI。
- 〈産業をキーワードとする共同研究会（名古屋学院大学）調査報告書の小論〉
 産業構造研究会（1998-2002）報告書
  ①十名直喜［1999.5］「N製鉄・K製鉄所の情報システム―K製鉄所にヒアリング調査・見学記録―」
  ②十名直喜［2001.7］「構造転換期のM重工業 長崎造船所―工場見学・ヒアリングを通して―」
  ③十名直喜［2002.6］「転機に立つ川口の鋳物と基盤的技術産業集積」
  ④十名直喜［2002.6］「川口に息吹く鋳物のハイテク化と熟練技能伝承―老舗鋳物メーカー（株）永瀬留十郎工場の挑戦―」
  ⑤十名直喜［2003.6］「TOTOの生産システムと海外事業展開」
- 産業ネットワーク研究会（2003-07）報告書
  ⑥十名直喜［2004.7］「沖縄の産業構造と産業クラスター戦略―観光・健康関連産業を中心にして―」
  ⑦十名直喜［2005.9］「躍進を続ける韓国・浦項総合製鉄の沿革と経営戦略」
  ⑧十名直喜［2006.7］「三協・立山ホールディングスの統合戦略と生産システム」
  ⑨十名直喜［2007.10］「金属と人間を磨く経営―金属表面処理製品メーカー（株）ケミカル山本に挑戦―」
  ⑩十名直喜［2007.10］「伝統技術の継承と革新―甲冑師・明珍家にみる技術と文化の創造的融合―」
- サステイナブル・産業・地域研究会（2008-12）報告書
  ⑪十名直喜［2009.11］「ブルーツーリズムによる地域づくり・人づくりのダイナミズム―辺境から交流拠点へ変身進む蒲江・北浦大漁海道（日豊海岸）―」
  ⑫十名直喜［2010.12］「有田焼の産業振興とものづくり」
  ⑬十名直喜［2011.12］「東国製鋼の経営と発展戦略―ものづくり経営にみる日韓比較の視点をふまえて―」
  ⑭十名直喜［2013.12］「グローバル経営下の企業城下町にみる再生への創意的試み―ひたち地域のものづくりへの視座―」
- 産業・地域システム研究会（2013-16）報告書
  ⑮十名直喜［2014.12］「答志島「島の旅社」でのヒアリング記録（1）―固有の資源・文化を活かした人・地域づくり―」
  ⑯十名直喜［2014.12］「東大阪のものづくりと中小企業支援ネットワーク」
  ⑰十名直喜［2015.12］「海の覇者・九鬼嘉隆とブルーツーリズム―志摩・鳥羽地域を照らす歴史的遺産への視座―」
  ⑱十名直喜［2016.12］「周防大島の風土・産業・文化と地域再生」

索引

▶あ

IoT	108,126
Iターン・Uターン	166
IT化	126
アリ	71
生きざま	49,59,115
生きとし生ける	69,70,182
磯焼け	111
一方通行型産業システム	117
遺伝子	80
イノベーション	59
意味的価値	90
AI	106-108,110
沿岸海域	111
OJT	87

▶か

学習	106,107
型	19,41,62-66
型から入る	47
「型」産業論	41-45,54
「型」文化	61
「型」論	19,43-47,54,57,61,63,65
仮名	61
環境文化革命	105,111
環境問題	119
官僚組織	21,129
機械制大工業	85
企業城下町	30,129-131
企業組織	20,27,127,129
企業内システム	36
企業内バックアップシステム	36
企業別組合	37
技術	63-65,112,113
技術教育	139-143
技術のブラックボックス化	112
技術暴走	112
技術論	23
技能	64,81,86-88
技能継承	87
機能	89,90
機能性	48
機能的側面	90
機能的アプローチ	59
機能的価値	19,59,90,97
技能離れ	104
享受	64,88,89
享受能力	78
金融循環	116,117,168,169
空間	54-58,98
空間の芸術	55
クリエイティブ中小企業	135
グローバル経営	30,138
グローバル産業	24,41
芸術性	48
軽薄短小型	127
限界集落	113
原型	48,66
現実空間	83
原初技能	87
現代産業	27,94,95
現代産業論	26,27,46,47,59,122,186-188
現代の熟練	85,86
現地・現場・現物	82,83
現場	81-83
現場主義	82
工業教育	140-145
工業経済論	21,25
工業高校	140-142
工業社会	71,90,177
光合成	69
工業的産業	71
工場空間	98
工場見学	14,104,151,152
工場制手工業	103
工場法	21
五感	61
古典派経済学	75
ことづくり	14,177
個別産業研究	25,28,186
個別産業論	28,40
個別性原理	81
固有価値	78,97
固有価値論	77

▶さ

サービス（産）業	103,121
サービス	88-90,178
再結合・融合化	60,102
産業	19,58,59,94,115,120,190
産業革命	103
産業クラスター論	122
産業観光	104
産業研究	22-24
産業構造	21
産業システム・アプローチ	35,44
産業循環	116,117
産業組織論	20,24
産業の3分類	95,190
産業文化	49
産業論	22-26
3K	15

3次元CAD	66,88
時間	54-58,119,120
時間・空間	54-58
時間政策	119
時間の芸術	56
時空間の芸術	56
市場の失敗	119
システム・アプローチ	59,60
システム化	86,87,126
システム的熟練	86
自然	70,76,77
自然循環	116-118
自然の容器	71
自然物	180
下請企業	135
社会空間	98
社会人研究者	170-172
社会組織	20,27,127,129
社会的なバックアップシステム	36
生涯発達	182
住工共生	129,145,148,149,151
住工共生のまちづくり条例	148,149
重厚長大型	127
自由時間	78
柔軟な専門家	22,85
熟練	84-86,96
守・破・離	47,77
瞬間	55-57
循環型産業システム	30,116,117,171
情報技術	127
情報通信革命	103-105
職業	94
職人	14,84,85
職人的技能	84
職人的熟練	85
植物	69-70,106
シンギュラリティ	107
人工	179-181
人工科学	175,176,181
人工知能（AI）	106,107
人工的自然	180
人工物	17,179,180
深層学習（ディープ・ラーニング）	106,107
真如	70
シンプル化	61
人類史的	114
周防大島	153-166
擦り合わせ	81
3Dプリンター	66
生活文化	59
生産	176,178
生産システム	33,38
生産循環	116,117,168,169
製造	16,176-178
製造基盤白書	67
製造業	67
生命	119,120,182
生命地域産業	111,112
生命の生産と再生産	94,119,120
生命の設計図	80
設計	78,80
設計情報	74,75,78,80,182
瀬戸ノベルティ	43,49-51
瀬戸内ジャムズガーデン	153-158
ゼンキン連合	143
銑鋼一貫製鉄所	35,36
潜在能力	182
全面的に発達した人間	112
装置産業	34
草木国土	70
草木国土悉皆成仏	69,182
組織	127,129

▶た

第１次産業	100,158,190
体系	64,65
大工業	23,32,110
大都市圏	100,101
timeislife	119,120
timeismoney	119,120
脱工業社会	22
タテ型産業システム	138
地域	97
地域への誇りやアイデンティティ	167
治山治水	123
知識社会	104,125
知性	106
知的職人	19,111,115,170
知能	106
着陸	167
着陸の思想	167
中間技術	126
中小企業	142-144
中小企業振興条例	148-150
直観	110
つくり	68,81
つくる	68,176
強いAI	107
DNA	80
定住促進協議会	158-161
定常	56,57,115
定常化社会	115
手仕事	140
手づくり	155,156
鉄鋼産業	32-39
鉄鋼生産現場	32
鉄鋼生産システム	36,38
鉄鋼労使関係	35

鉄の一発回答	37
田園回帰	167
電子空間	83
転写	74,78-81
「働・学・研」融合	170,171,185,186
陶磁器産業	29,41-50
等身大	19,42,45,61,126
等身大の技術	113
等身大のシステム	61,126,127
特殊性	37,40
都市圏	100,101
徒弟制	83

▶な

なりわい（生業）	94,95,120
二重の離陸	167
日本型	37,40
日本学術会議報告書	176
日本型企業社会	37
日本型経営	37
日本型生産システム	33
日本型鉄鋼産業システム	36
日本型フレキシビリティ	33-37
日本的経営	33,37
日本的労使関係	34,35,40
人間疎外	128
農業社会	71,177
農業的産業	70,71
農業と工業の融合化	75
農作	16,67,177
農産物	67

▶は

ハイテク技能	87
働き様	41,49,59,115
働きつつ学び研究する	170,171,185
働く	168-172
東大阪	145-152
東大阪モデル	145,148,152
日立製作所	130-137
ひたち地域	130,131
ひと・まち・ものづくり産業システム	93,97
普遍性	37,40
ブランド	50
フレキシビリティ	33,34
文化	48,49
文化財保護法	54,179
文化循環	168,169
文化的アプローチ	27,59
文化的インフラストラクチュア	47
文化的価値	19,59,60,96,97
文化的側面	96,115
分離・分化	60,62,94,102
方法	64

翻訳	80,81

▶ま

まちづくり	15,97
マニュファクチュア（工場制手工業）	85
見える化	60,106
緑の精密化学工場	69
無形	54-58,75,99,100,178,179
無形の「型」	62,65,67
無限定性	34
冥	70
もの	17,68,81,89,179,182,183
ものつくり	16,67,68,177
ものづくり	14-18,67,71,72,74,77-79,140-145,174-179,181-183
ものづくり科学	175
ものづくり基盤技術振興基本法	15,143,144
ものづくり経営学	74
ものづくり経済学	18,29,45,183
ものづくり産業	25,71,147
ものづくり白書	15,67,174
森と海の環境国家	112
森は海の恋人	112

▶や

山・平野・海	18,30,111,114
有形	54-58,98,99,178,179
有形の型	62,65
有限な地球	115
融合科学	181
ヨコ型ネットワーク	129,138,139,147
よそ者・ばか者・若者	165
弱いAI	107

▶ら

リジディティ（硬直性）	34
離島	100-102
臨海立地製鉄所	36
労使関係	34,35
労働価値論	75-77
労働時間	78
労働対象	70,71,88
労働手段	70,71,88
6次産業経営	153

▶わ

わざ	96

◎著者紹介

十名 直喜（とな なおき）

1948年5月　兵庫県生まれ
1971年4月　神戸製鋼所入社（〜1992年1月）
　92年3月　京都大学大学院経済経営研究科博士課程修了
　92年4月　名古屋学院大学経済学部 助教授
　94年5月　京都大学博士（経済学）
　97年4月　名古屋学院大学経済学部および大学院経済経営研究科 教授
　99年9月　英国シェフィールド大学客員研究員（〜2000年8月末）
2015年4月　名古屋学院大学現代社会学部および大学院経済経営研究科 教授
　　〜現在

・主著

『日本型フレキシビリティの構造』（法律文化社、1993年）
『日本型鉄鋼システム』（同文舘、1996年）
『鉄鋼生産システム』（同文舘、1996年）
『現代産業に生きる技』（勁草書房、2008年）
『ひと・まち・ものづくりの経済学』（法律文化社、2012年）
『地域創生の産業システム』（水曜社、2015年、編著）

現代産業論
ものづくりを活かす企業・社会・地域

発行日　　2017年11月27日　初版第一刷発行

著者　　十名直喜
発行人　　仙道 弘生
発行所　　株式会社 水曜社
　　　　　160-0022
　　　　　東京都新宿区新宿1-14-12
　　　　　TEL 03-3351-8768　FAX 03-5362-7279
　　　　　URL suiyosha.hondana.jp/
装幀　　井川祥子
印刷　　日本ハイコム 株式会社

©TONA Naoki 2017, Printed in Japan
ISBN 978-4-88065-436-2 C0060

本書の無断複製（コピー）は、著作権法上の例外を除き、著作権侵害となります。
定価はカバーに表示してあります。落丁・乱丁本はお取り替えいたします。

地域社会の明日を描く──

地域創生の産業システム
もの・ひと・まちづくりの技と文化
十名直喜 編著
2,500 円

コミュニティ 3.0
地域バージョンアップの論理
中庭光彦 著
2,500 円

学びあいの場が育てる地域創生
産官学民の協働実践
遠野みらい創りカレッジ
樋口邦史・保井美樹 著
2,500 円

無形学へ　かたちになる前の思考
まちづくりを俯瞰する5つの視座
後藤春彦 編著
3,000 円

包摂都市のレジリエンス
理念モデルと実践モデルの構築
大阪市立大学都市研究プラザ
阿部昌樹・水内俊雄・岡野浩・全泓奎 編
3,000 円

防災福祉のまちづくり
公助・自助・互助・共助
川村匡由 著
2,500 円

都市と堤防
水辺の暮らしを守るまちづくり
難波匡甫 著
2,500 円

町屋・古民家再生の経済学
なぜこの土地に多くの人々が訪ねてくるのか
山崎茂雄 編著
野村康則・安嶋是晴・浅沼美忠 共著
1,800 円

アートの力と地域イノベーション
芸術系大学と市民の創造的協働
本田洋一 編
2,500 円

地域社会の未来をひらく
遠野・京都二都をつなぐ物語
遠野みらい創りカレッジ 編著
2,500 円

トリエンナーレはなにをめざすのか
都市型芸術祭の意義と展望
吉田隆之 著
2,800 円

日本の文化施設を歩く
官民協働のまちづくり
松本茂章 著
3,200 円

パブリックアートの展開と到達点
アートの公共性・地域文化の再生・芸術文化の未来
松尾豊 著
藤嶋俊會・伊藤裕夫 附論
3,000 円

全国の書店でお買い求めください。価格はすべて税別です。